EITA

Prospecti ... ues

Nasser KEITA

Prospectives et Méthodes d'Évaluation des Politiques Publiques

Politiques Publiques

Éditions universitaires européennes

Imprint
Any brand names and product names mentioned in this book are subject to trademark, brand or patent protection and are trademarks or registered trademarks of their respective holders. The use of brand names, product names, common names, trade names, product descriptions etc. even without a particular marking in this work is in no way to be construed to mean that such names may be regarded as unrestricted in respect of trademark and brand protection legislation and could thus be used by anyone.

Cover image: www.ingimage.com

Publisher:
Éditions universitaires européennes
is a trademark of
International Book Market Service Ltd., member of OmniScriptum Publishing Group
17 Meldrum Street, Beau Bassin 71504, Mauritius
Printed at: see last page
ISBN: 978-620-2-53957-9

A ma chère épouse Rouguiatou LY, et mon fils Muhammad An-Nur KEITA, merci pour votre patience observée durant mes multiples recherches scientifiques

PROSPECTIVES ET METHODES D'EVALUATION DES POLITIQUES PUBLIQUES

Préface

L'évaluation des politiques publiques est l'activité qui consiste pour une institution publique à mesurer les effets d'une politique menée afin d'éclairer la décision

Fortement liée à la rationalisation de l'action publique, l'évaluation vise à déterminer dans quelle mesure une politique publique a atteint les objectifs qui lui sont assignés et produit les impacts attendus auprès des publics ciblés

S'agissant des Pays en Développement et plus particulièrement ceux d'Afrique, l'évaluation vise la promotion des conditions institutionnelles et sociales favorables à l'amélioration de la qualité de vie des populations ciblées. Elle contribue donc dans ce contexte à la formulation des politiques publiques en prenant en considération les résultats et les impacts

Ainsi dans le contexte actuel des pays africains de rationalisation de l'action publique et des réformes de l'Etat, l'évaluation des politiques publiques est appelée à jouer un rôle de plus en plus important

C'est pourquoi l'ouvrage du Dr Nasser Keita consacré aux prospectives et aux méthodes d'évaluation des politiques publiques vient assurément au bon moment

Dans un style clair et avec une grande rigueur dans l'analyse, l'auteur y aborde des aspects essentiels de l'évaluation des politiques publiques tels que la problématique de l'évaluation des politiques publiques , la revue de la littérature théorique sur l'évaluation des politiques publiques ; les méthodes économétriques d'évaluation des politiques publiques ; les méthodes économétriques de simulation des politiques publiques ; l'analyse des politiques publiques en Afrique ; les mécanismes de construction des indicateurs dans les politiques publiques d'Aide au Développement et leur évolution. Ce livre interpelle particulièrement les décideurs publics et pourra les pousser à donner autant-sinon plus - d'importance à la mise en œuvre des politiques qu'à leur définition

Il s'adresse aussi aux professionnels de l'économie ; aux chercheurs ; aux étudiants et aux acteurs de la société civile

Je formule le vœu qu'un maximum dc personnes le lise et accorde à ce remarquable ouvrage du Dr Nasser KEITA toute l'attention et l'intérêt qu'il mérite.

Fait à Saint -Louis le 17 Août 2020

Adama DIAW

Professeur titulaire des Universités

Agrégé des Facultés de Sciences Economiques

Université Gaston BERGER

Saint-Louis- Sénégal

INTRODUCTION

Cet ouvrage est exclusivement destiné aux experts chargés de l'évaluation des politiques publiques, aux enseignants chercheurs, étudiants, et en dernier ressort aux professionnels des administrations publiques.

L'ouvrage est composé de six parties, chacune faisant l'objet de conclusion.

La première partie est consacrée à la problématique de l'évaluation des politiques publiques ; dans la deuxième partie, nous faisons une revue de la littérature théorique sur l'évaluation des politiques publiques ; la troisième partie est consacrée, aux méthodes économétriques d'évaluation des politiques publiques ; la quatrième partie porte sur les méthodes économétriques de simulation des politiques publiques ; la cinquième partie est consacrée à l'analyse des politiques publiques en Afrique ; la sixième porte sur les mécanismes de construction des indicateurs dans les politiques publiques d'aide au développement et leur évolution.

I. Problématique de l'évaluation des politiques publiques

Les méthodes d'évaluation des politiques publiques sont nombreuses et revêtent une certaine technicité dans l'usage des méthodes quantitatives, des statistiques ou d'économétrie.

Notre objectif n'est pas ici de faire un exposé exhaustif, mais plutôt d'en faire une présentation succincte afin d'insister sur les avantages et limites de chaque approche. L'évaluation des politiques publiques repose en grande partie sur une démarche scientifique visant à améliorer nos connaissances quant à l'impact des nombreuses variantes de politiques publiques.

Cette démarche reconnaît comme point de départ l'étendue de notre ignorance en la matière, une chose pas forcément aisée à partager avec les responsables politiques, et ainsi, la nécessité d'approfondir, par l'évaluation nos connaissances quant aux meilleures façons d'atteindre les objectifs fixés par le débat démocratique[1]

L'évaluation des politiques publiques est un exercice difficile techniquement et institutionnellement. Techniquement, parce que de nombreux pièges attendent l'évaluateur : corrélation (entre une politique et ses résultats) ne vaut pas causalité et l'évaluateur doit tenir compte des causalités inverses et des interactions de la politique considérée avec de multiples facteurs ; il doit aussi être conscient du fait que le bénéficiaire final d'un dispositif n'est pas forcément celui qui est visé, ou que la

[1] Les méthodes d'évaluation des politiques publiques. Antoine Bozio, dans les idées économiques et sociales 2018/3 (N°193), pages 28-33

politique peut avoir de multiples effets, parfois loin du champ initialement ciblé[2].

Au vu des fortes contraintes budgétaires dans lesquelles s'inscrit aujourd'hui l'action publique, connaître l'impact des politiques mises en œuvre semble une évidence.

Si la démarche d'évaluation a été pendant longtemps négligée, c'est avant tout parce que l'impact des différentes politiques semblait clair : les politiques d'emploi améliorent l'emploi, les politiques du logement améliorent l'accès au logement, etc. Dans un tel cadre, les choix de politiques publiques consistent essentiellement en un arbitrage budgétaire entre les différentes dépenses possibles.

En réalité, les modalités de l'intervention publique sont rarement évidentes : il existe souvent plusieurs politiques envisageables pour atteindre un même objectif ; les dispositifs mis en place peuvent avoir des effets indésirables non attendus, voire pas du tout l'effet attendu ; plus généralement, les mécanismes économiques sur lesquels les politiques publiques essaient d'intervenir sont complexes, souvent encore mal, compris.

Dès lors qu'il est reconnu que l'effet des politiques publiques n'est pas chose évidente, la nécessité de leur évaluation apparaît beaucoup plus nettement : l'objectif est de permettre la compréhension des mécanismes sur lesquels l'action publique cherche à peser et d'identifier les interventions les plus efficaces au vu des objectifs souhaités (Bozio et Grenet, 2010).

---

[2] Evaluation des politiques publiques, notes du conseil d'analyse économique. 2013. P.12

Plusieurs techniques statistiques permettent de contourner ces problèmes, la clé étant d'être capable de reconstruire ce qui se serait passé en l'absence de la politique considérée. Lorsqu'une véritable expérimentation n'est pas possible, les chercheurs exploitent les discontinuités existantes des politiques publiques, soit que la politique soit mise en place par vagues successives, soit qu'elle s'applique avec des seuils (on compare alors les individus ou les entreprises de part et d'autre du seuil).

L'évaluation est aussi difficile à mettre en œuvre institutionnellement car seul un protocole rigoureux, défini si possible avant la mise en place de la politique, permet d'obtenir une évaluation crédible. Ce protocole doit garantir l'indépendance des évaluateurs et leur accès aux données nécessaires à l'évaluation. Il doit aussi prévoir un temps de discussion contradictoire des hypothèses et des résultats et les discuter avec d'autres experts.

En pratique, l'évaluation d'une politique ne doit être menée par l'administration en charge de la mettre en œuvre. L'expertise administrative est un complément indispensable à l'expertise technique, en particulier pour comprendre les modalités d'application de la politique et les interactions avec d'autres dispositifs. Elle doit être combinée à l'expertise technique mais ne saurait s'y substituer.

Les évaluateurs extérieurs doivent être nommés selon un processus transparent et extérieur lui aussi à l'administration en charge, en veillant à éviter toute relation de dépendance avec les commanditaires et à promouvoir une pluralité des approches. De leur côté, les évaluateurs doivent respecter strictement la confidentialité des données et être parfaitement transparents sur leurs éventuels conflits d'intérêt.

Finalement, une évaluation crédible devrait reposer sur un triptyque formé d'un coordonnateur (parlement, cour des comptes, inspections générales des finances...), des administrations concernées et d'experts indépendants. Ces éléments sont à la portée d'un gouvernement décidé à faire le tri dans ses politiques publiques.

Si une évaluation crédible prend du temps, un diagnostic fiable permet ultérieurement de gagner du temps au cours du processus de décision.

Le choix des méthodes conditionne la qualité des résultats évaluatifs et permet à divers degrés de satisfaire les buts des évaluations : pertinence, cohérence et tout particulièrement efficacité et efficience.

Prenons comme exemple très simple l'image d'une politique publique qui vise à relier deux points du territoire (par exemple un bassin d'habitation et un bassin d'emploi) séparés par un obstacle (par exemple une rivière ou un axe de circulation dense telle une autoroute).

La double différence ne pouvant comparer des individus identiques dans deux mondes différents (avec et sans la politique publique), il faut se contenter de comparer les individus traités avant et après leur traitement (on est alors sujet aux biais de conjoncture) ou les individus traités et non traités après le traitement des premiers (on est alors sujet aux biais de sélection). Le principe de l'évaluation en double différence consiste à associer les deux approches.

On rassemble les individus dans un groupe de traitement (ceux dont la situation n'a pas été modifiée par la politique publique) et un groupe de contrôle (ceux dont la situation n'a pas été modifiée). On compare ensuite l'évolution de ces deux groupes, le groupe de contrôle servant de contrefactuel au groupe de traitement.

La régression autour d'une discontinuité une autre méthode consiste à repérer une discontinuité dans le droit au traitement et à ne réaliser l'évaluation qu'à ce niveau : c'est le principe de régression autour d'une discontinuité. Fack et Grenet (2010) ont utilisé cette méthode pour estimer la disposition à payer pour l'éducation, à partir d'une discontinuité de la carte scolaire. Le prix d'un logement au mètre carré dépend du quartier et de la qualité du logement ; il est relativement stable à la localisation et qualité égales.

Ainsi, en appariant des appartements de qualité identique, de part et d'autre d'une même rue, donc dans les quartiers identiques, mais dont l'adresse envoie les enfants dans des écoles différentes du fait de la carte scolaire, ils parviennent à mesurer le supplément de prix que sont prêts à payer les parents pour envoyer leurs enfants dans une école plutôt que dans une autre.

Le principe de la régression autour d'une discontinuité consiste ainsi à comparer non plus l'ensemble des individus traités ou non, mais seulement ceux très proches du seuil décidant de l'assignation entre les deux groupes. En supposant que les caractéristiques des individus sont continues, les individus tout proches du seuil d'un côté (et ainsi non traités) sont identiques et donc comparables aux individus très proches du seuil de l'autre côté (et donc traités).

La méthode des variables instrumentales pour délimiter les groupes de contrôle et de traitement. Il s'agit d'une variable fortement corrélée avec le fait d'être « traité » (par la politique publique), mais sans influence directe sur le paramètre d'intérêt (le résultat de la politique) et non manipulable par les individus. Cette méthode a été utilisée pour estimer l'impact de la maternité sur la participation au travail, ce qui est utile pour calibrer des politiques d'encouragement à l'activité des mères.

Le problème ici est que le choix du nombre d'enfants est influencé par le statut de la mère sur le marché du travail (emploi, chômage, inactivité). Pour contourner ce problème, Angrist et Evans (1998) ont séparé un groupe homogène de femmes ayant au moins deux enfants selon que les deux premiers enfants sont de même sexe ou de sexes différents. Il n'y a a priori aucune influence directe de cette variable « instrumentale » binaire (même sexe, sexes différents) sur la participation des femmes au marché du travail.

La nécessité de données fiables pour réaliser les évaluations, il est impératif de disposer de bases de données à la fois exhaustives et fiables. Les chercheurs ont rarement les moyens de réaliser eux-mêmes des enquêtes. Il est donc important de mettre en place des institutions et des procédures afin que les chercheurs puissent exploiter ces données tout en préservant les droits des individus et des entreprises dont les informations sont consignées dans ces bases. Dans certains pays, ces données restent inaccessibles, notamment celles d'assurance maladie et les données fiscales.

Or, celles-ci sont primordiales à nombre d'évaluations, et ce pour plusieurs raisons. Tout d'abord, les politiques fiscales sont nombreuses et encore peu évaluées par manque de données. Un accès aux données fiscales permettrait un grand progrès concernant ce type de politiques. De plus, du fait de leur richesse, les données fiscales peuvent être mobilisées pour évaluer des politiques non fiscales.

Il faut ainsi permettre le travail des évaluateurs sur ces bases tout en garantissant le secret fiscal aux contribuables.

Le terme « prospective » ainsi que l'expression « anthropologique prospective » a été créé par Gaston Berger à la fin des années 1950.

Le concept quant à lui existait depuis longtemps et sous de nombreuses formes : de la divination et consultation des auspices des sociétés traditionnelles ou de l'antiquité à la fiction littéraire telle que traitée par jules Verne et de nombreux auteurs de science-fiction qui ont anticipé sur leur époque pour imaginer le futur (par exemple, dans la guerre des mondes, H.G. Wells décrit une arme dont les effets rappellent ceux du laser bien avant son invention).[3]

Les Conceptions américaines et françaises de la prospective :

La prospective a été instaurée aux Etats-Unis après Hiroshima (1945) :

La situation et les modalités de la stratégie se trouvant profondément transformées du fait de l'utilisation de l'arme nucléaire, il fallait faire l'effort d'imaginer et d'inventorier les scénarios possibles. A cet effet, dès la fin des années 1940, le gouvernement américain fait appel à la Rand Corporation. Celle-ci a notamment mis au point la méthode Delphi et celle des scénarios. Depuis l'activité de prospective américaine s'est diversifiée en direction des entreprises, devenant un marché pour les sociétés de conseil.

[3] Réf. : fr.m.wikipedia.org

Les approches américaines et françaises divergent mais ont en commun les grands principes. D'une part l'avenir peut être influencé de manière à favoriser ce qui est désirable. D'autre part les acteurs doivent prendre conscience de leurs hypothèses implicites afin de les remettre en question et éventuellement de les modifier. Les divergences portent sur l'objectif final et sur le processus d'élaboration.

La prospective américaine est centrée sur l'information des dirigeants, la prévision de l'avenir et l'anticipation. Il s'agit essentiellement d'une prospective exploratoire. Elle est l'œuvre des seuls prospectivistes. Ce sont eux qui construisent les scénarios. L'accent est mis sur l'innovation. Les facteurs clés en sont la technique et la R&D.

La prospective française est tournée vers l'action. Elle choisit parmi les scénarios un futur possible et souhaitable. Parfois le but de la prospective exploratoire est fixé dès le départ.

Prospective et prévision : la prévision est informative. Son horizon est généralement le court ou moyen terme alors que celui de la prospective est plutôt le terme. La prévision s'appuie sur des méthodes mathématiques à la base de projections.

La prospective ne prétend pas prévoir quoi que ce soit. Son point de mire est l'action. Elle ne se contente pas d'utiliser les méthodes mathématiques. Elle incorpore une vue interdisciplinaire mêlant économie et sciences exactes, histoire, sociologie et statistique. Pour chaque scénario elle établit une matrice de l'ensemble des facteurs variables et croise l'incidence de chaque facteur restant en modulant la valeur de chacun. Une réflexion a ainsi lieu sur l'importance de chaque facteur.

Les domaines de la prospective : théoriquement tous les domaines de la société, du développement et des relations entre l'homme et son environnement font l'objet de réflexions et travaux prospectifs, la prospective est éventuellement mobilisée pour des domaines particuliers, tels que ; Prospective démographique, elle est généralement basée sur des projections démographiques qui étayent des scénarios qualitatifs., Prospective énergétique, les prospectivistes s'intéressent notamment aux consommations de ressources énergétiques et leurs impacts, qu'ils analysent au regard du caractère pas, peu, difficilement ou coûteusement accessible et/ou renouvelable des ressources énergétiques utilisés par des individus, familles, entreprises, société et humanité entière, et au regard de l'acceptabilité des impacts.

Prospective et développement durable : la prospective étant une approche raisonnée du futur, elle s'intéresse à différentes échelles et échéances spatiales et temporelles aux conditions et caractéristiques de durabilité et renouvelabilité des ressources (ressources naturelles, ressources énergétiques, ressources génétiques et en biodiversité, ressources spatiales et foncières, ressources sociales et humaines…) utilisées par et pour les différents modes et stratégies de développement (humain, social, économique, agro-environnemental, etc.). Elle s'articule étroitement avec les indicateurs et outils d'évaluation du développent durable.

Politique publique : une politique publique est un concept de science politique qui désigne les « interventions d'une autorité investie de puissance publique et de légitimité gouvernementale sur un domaine spécifique de la société ou du territoire ».

La sociologie politique utilise ce concept afin d'analyser l'ensemble de ces interventions dans les différentes étapes de leur mise en œuvre, aussi bien que dans leur genèse ou au travers de leurs conséquences (il est alors question de « sociologie de l'action publique »).

La science administrative tend plutôt à analyser et à évaluer une politique publique en fonction de sa capacité à atteindre les objectifs qui lui ont été assignés, ainsi qu'en fonction de l'efficacité des moyens déployés.

Dans ce cadre, les politiques publiques peuvent également être décrites comme « un ensemble d'actions coordonnées, réalisées par une puissance publique, dans l'optique d'obtenir une modification ou une évolution d'une situation donnée ».

Etudier leur impact permet de décrire la capacité qu'à une puissance publique à gérer les attentes et les problèmes propres à la société ou pan de société concernée et à agir en fonction d'une stratégie publique, de court, moyen ou long terme. Les domaines concernés peuvent être de toute nature : infrastructure, santé, famille, logement, emploi, formation professionnelle, recherche, fonction publique, crise, déficit…

L'évaluation des politiques publiques, présentée comme un nouvel outil d'aide à la décision publique, est apparue aux Etats-Unis dans les années 1960 avant de se développer au Royaume-Uni, dans les pays scandinaves puis dans les autres démocraties occidentales vingt ans plus tard.[4]

L'évaluation des politiques publiques (EPP) continue d'animer le vieux débat autour des rapports entre « l'intellectuel et le politique [5]». L'analyse

---

[4] Réf. : fr.m.wikipedia.org
[5] Raymond Aron. L'opinion des intellectuels. 1955

de ces rapports montre d'une part que le politique corromprait l'âme des chercheurs. En d'autres termes, celui qui s'y aventure vendrait son âme.

Cela raisonne implicitement dans les propos de Jean Leca qui, interrogé sur le rôle de l'évaluation dans la modernisation de l'Etat, avoue : « j'avais sur cette question des idées beaucoup plus claires de l'extérieur, avant de commencer à présider le conseil scientifique de l'évaluation des politiques publiques, que je ne les ai maintenant. »[6]

D'autre part, le politique resterait un objet d'exploration par excellence du chercheur. Et L'EPP contribue dans ce sens « à une bonne connaissance du fonctionnement du système politico-administratif dans son rapport avec la société »[7]

En effet, si le pouvoir se nourrit du savoir parce qu'il produit de l'information, alors L'EPP nourrit le pouvoir. Mais qu'est-ce que c'est donc ?[8]« Magnifier l'évaluation est un pêché qui conduit à la déception. »[9] Par ce propos accrocheur, Jean-Claude Thoenig attire l'attention sur certaines réalités qui entourent L'EPP. Selon lui, « les usages qui sont faits de l'évaluation souffrent parfois d'un manque criant de sérieux et de professionnalisme. Le label étant investi d'un halo de prestige, des fonctionnaires ou des consultants rebaptisent évaluation des tâches qui

---

[6] Leca Jean. L'évaluation dans la modernisation de l'Etat. In : politiques et management public, vol. 11 n 2, 1993. La modernisation de la gestion publique : les leçons de l'expérience-Actes du cinquième colloque International Paris-26 /27 mars 1992 (Deuxième partie). P.161

[7] Nioche Jean-Pierre. De l'évaluation à l'analyse des politiques publiques. In : Revue française de science politique, 32e année, n 1, 1982. Pp. 32

[8] La problématique de l'indépendance de l'évaluateur, mémoire de stage présenté en vue de l'obtention du Master Administration Economie et social. Rédigé par Franck Gael Mbiana sous la direction de M. Guillaume Gourgues, enseignant chercheur en science politique, Université de Franche-Comté, UFRT et M. Claude Dargaud, Conseiller technique de la mairie de Belfort. P7

[9] Thoenig Jean-Claude. L'évaluation en actes : leçons et perspectives. In : Politiques et management public, vol. 20 n 43, 2002. Numéro spécial : « l'évaluation de l'action de l'action publique : pour quand ? ». p.34

n'en sont pas telles… ». De cette déclaration, l'évaluation souffrirait de dérives dans certains milieux professionnels.

D'un point de vue des considérations économiques, l'évaluateur dépend économiquement du politique. Sans les demandes fortes d'évaluations portées par la décentralisation et la modernisation de l'Etat, le marché d'évaluation n'aurait pas vu le jour[10]

Pour nous résumer dans cette partie de la problématique, il faut retenir deux approches institutionnelles de l'évaluation des politiques publiques.

La première conçoit l'évaluation comme une expertise au service du « prince »[11], destinée à aider la prise de décision publique face à la complexité du monde économique.

L'évaluation est alors réalisée prioritairement par l'administration ou par des conseils d'experts directement rattachés au gouvernement. Dans ce cadre-là, l'évaluation est souvent de courte durée, quelques mois, et répond à une demande pressante des décideurs.

Ces analyses rarement publiées et ne font donc pas partie du débat démocratique.

La seconde approche conçoit l'évaluation comme une composante essentielle du processus démocratique : l'expertise se destine alors d'abord aux citoyens ou à leurs représentants, les parlementaires, et vise à faciliter le débat public en clarifiant les principaux arbitrages en jeu.

---

[10] Claire Tourmen, « les conséquences des évaluateurs de politiques publiques », Formation emploi (En ligne), 104 octobre-décembre 20089. P.54

[11] L'évaluation des politiques publiques : enjeux, méthodes et institutions. Antoine Bozio, dans revue française d'économie 2014/4 (volume XXIX). Pages 59 à 85.

Ainsi conçue, l'évaluation peut s'étaler sur un délai long, plusieurs années, qui dépassent largement l'horizon de l'agenda politique. Les évaluations ne deviennent utiles que si elles sont publiées et si un processus institutionnel (indépendance, discussions, etc.) leur a donné une certaine crédibilité.

Ces deux approches institutionnelles ne sont pas évidemment pas des alternatives strictes, il d'agit plus d'un idéal-type à la Max Weber, mais elles représentent deux options assez différentes du rôle que peut jouer l'évaluation des politiques publiques dans le fonctionnement démocratique.

Le choix des institutions de l'évaluation dépendra en effet assez fortement de l'idée que l'on se fait du fonctionnement du système politique et de l'indépendance de ces institutions, que ce soit la branche exécutive, législative ou judiciaire, (Antoine Bozio, 2014).

II. La revue de la littérature théorique sur l'évaluation des politiques publiques

Toute stratégie de recherche documentaire commence par l'identification de mots-clés. Le domaine de L'EPP étant loin d'être un domaine de connaissances entièrement structuré, il ne faut pas s'attendre à faire émerger en une simple requête ou même en combinant plusieurs requêtes, pour chaque groupe de mots-clés, les principales publications, celles qui ont le meilleur facteur d'impact (grandes revues réputées, bien diffusées et grand nombre de citations).

Malgré tout, une fois le domaine mieux cerné par la possibilité de l'aborder avec une liste de mots-clés, la recherche sur le plus grand ensemble de ressources documentaires (les catalogues, mais aussi les moteurs de recherche du Web, dictionnaires, encyclopédies, etc.) est faisable par tout un chacun.

Dans le cas de L'EPP, le lecteur intéressé pourra extraire de longues listes de publications (rédigées en langue anglaise le plus souvent) et ensuite opérer différentes requêtes pour recouper les informations contenues dans les publications[12].

De cette revue de la littérature, il est possible de déduire certains éléments de consensus mais aussi l'existence de débats fondamentaux.

a) le consensus de la littérature sur le besoin d'une activité régulée d'évaluation des politiques publiques est large. Dans les différentes

[12] Etude pour le comité d'évaluation et de contrôle des politiques publiques de l'assemblée nationale Française : Maurice BASLE, Professeur émérite des universités en sciences économiques, Jean-Michel JOSSELIN, Professeur des Universités en sciences économiques, Benoît LE MAUX, maître de conférences (HDR) en sciences économiques. 13 février 2018. P.6

pratiques nationales (au nord et au sud) ou pour les organisations internationales, il s'agit d'estimer un résultat des politiques publiques et plus précisément des programmes qui leur sont associés. L'activité est encouragée.

b) des débats existent sur l'autorité de portage de l'activité d'EPP : haute autorité indépendante, offices rattachés au parlement, agences rattachées aux exécutifs nationaux ou locaux ou de sécurité sociale. La recherche de l'indépendance du jugement évaluatif peut entraîner une juridisation de l'évaluation, sur le modèle du contrôle, par exemple, sur le modèle français de la cour des comptes et les chambres régionales des comptes.

c) à ces débats sur la régulation des évaluations se superposent des débats plus fondamentaux : la connaissance de l'action publique et de ses effets est, par nature, lourde d'enjeux politiques et il y a débat sur les rapports entre la science et les politiques publiques, les angles d'attaque des sous-disciplines scientifiques sur les politiques sont différents (les politiques publiques peuvent quelques fois être définies comme des réalités budgétaires avec des réalisations effectives, ou encore comme des réalités managériales avec le souci de délivrance de services conformes à des instructions).

Les querelles sur la maîtrise et la portée des méthodes et des outils ne sont pas propres aux sciences de l'action publique. Certains regrettent, dans l'EPP comme dans d'autres domaines, un recours trop massif à des approches qui seraient trop quantitatives (fondées sur des mesures traduisant mal la réalité des politiques publiques et proposent de se rapprocher davantage des qualitatifs pouvant faire l'objet d'analyse sémantique). D'autres sont convaincus de la supériorité des seules méthodes d'expérimentation appuyées sur l'existence d'un contrefactuel (par exemple en comparant la situation des bénéficiaires de la politique expérimentée à celle de non-bénéficiaires susceptibles d'être ultérieurement concernés si cette politique est généralisée.)[13]

Deux constats peuvent être faits après cette première étape de notre analyse dans la littérature théorique (ouvrages, revues, sites web et moteurs de recherche usuels en science). D'une part, la convergence est réelle sur la définition de l'EPP : il s'agit d'estimer une valeur ajoutée par la politique publique. D'autre part, les critères sont presque toujours les mêmes : il faut mesurer la pertinence, l'efficacité ; l'efficience et la cohérence des politiques publiques.

Il faut cependant reconnaître que, dans la pratique, l'accent est porté en premier sur l'évaluation de l'efficacité (résultats, effets, impact) et n'est pas toujours mis sur l'efficience (manque d'évaluations des impacts budgétaires des programmes ou manque de comparaison des options à discuter, manque aussi de mise en relation de l'impact avec les coûts nécessaires à la réussite du programme) ou sur la cohérence.

Le consensus : évaluer, c'est donner une estimation de la valeur ajoutée à la société.[14]

---

[13] Bono PH et Trannoy A (2012) Causalité et contre-factualité dans l'évaluation économique des politiques publiques. Revue Labyrinthe, 2 : 35-53.

[14] Etude pour le comité d'évaluation et de contrôle des politiques publiques de l'assemblée nationale Française : Maurice BASLE, Professeur émérite des universités en sciences économiques, Jean-Michel JOSSELIN, Professeur des Universités en sciences économiques, Benoît LE MAUX, maître de conférences (HDR) en sciences économiques. 13 février 2018. P.7

Il suffit de retenir que dans « évaluation », il y a « valeur ». La valeur ajoutée sociétale[15] (que l'évaluation cherche à estimer) est créée par les services rendus grâce à la mise en œuvre des politiques publiques (une politique ou une mission se déclinant en programmes d'action publique). Un exemple peut-être la valeur ajoutée des enseignants par exemples dans une évaluation aux Etats-Unis[16]

Par extension, de nouvelles lois et règlementations peuvent également contribuer à créer de la valeur ajoutée collective. Ceci justifie l'évaluation d'impact des lois au même titre que l'évaluation d'impact des politiques publiques (comme par exemple des projets publics d'infrastructure, de santé ; d'éducation, etc.).

Un constat émerge : l'oubli fréquent de l'évaluation de l'efficience alors qu'il faudrait donner une estimation de la valeur ajoutée sociale nette. Pour mesurer une valeur ajoutée sociétale, il ne suffit pas de considérer le coût de production des services rendus par la politique évaluée, même si cette convention est à juste titre utilisée pour les besoins des comptes nationaux.

On ne saurait réduire l'action publique aux moyens qu'elle mobilise, sinon l'évaluation se ramènerait à la seule budgétisation de l'action. Cette approche comptable et faussement simple conduirait à maximiser la dépense en imaginant que le seul déploiement de moyens supplémentaires suffirait à atteindre l'objectif fixé par la politique. Il faut

[15] Il ne s'agit pas simplement de la valeur ajoutée pour les administrations mais bien de la valeur ajoutée pour la société tout entière

[16] Isenberg E et Hock H (2012) Measuring School and Teacher Value Added in DC, 2011-2012 School Year. Final Report. ERIC Institute of Education Sciences. Mathematica Policy Research

en fait évaluer les services rendus nets des moyens engagés pour la mise en œuvre de la politique (valeur ajoutée sociale nette).

Un autre constat émerge : l'oubli fréquent d'une approche comparative des options concurrentes pour la réalisation de la politique publique. Beaucoup d'évaluations, en pratique ne sont pas comparatives. Or l'on sait que l'estimation d'une seule voie d'action ne suffit pas. En France, le cas du projet d'aéroport de notre dame des landes est typique de cet oubli du choix à poser entre plusieurs options de projets (un nouvel aéroport, un ancien aéroport agrandi ou bien une troisième solution de transport).

Toute politique publique donnée (par exemple l'amélioration du transport urbain) doit en effet se décliner en plusieurs options stratégies possibles (y compris éventuellement le statu quo), explorées et discutées avec les parties prenantes et l'estimation doit être comparative.

Dans un environnement où les ressources sont contraintes, les bénéfices d'une option ont non seulement une contrepartie budgétaire (les moyens engagés) mais également une contrepartie économique, c'est-à-dire la renonciation à la valeur ajoutée sociétale qu'aurait générée la meilleure des options délaissées : c'est le coût d'opportunité.

Par exemple, si le statu quo en matière de transport urbain est un réseau de bus à énergie propre, etc. Toutes les options ou stratégies (dont le statu quo) devront être évaluées par rapport à toutes les autres.

D'autres coûts d'opportunité sont également à prendre en compte, mais plus difficiles à appréhender : il faudrait idéalement tenir compte du fait que l'action publique mobilise des ressources prélevées sur l'activité économique privée (par exemple via l'impôt).

Ces ressources auraient pu être utilisées autrement par les agents privés (pour la consommation et l'investissement privé) ou par l'action publique dans d'autre domaines de politique publique (par exemple, les ressources consacrées au transport n'iront pas à l'éducation).

L'évaluation des politiques publiques (EPP) est l'activité qui consiste, pour une institution publique, à mesurer les effets d'une politique menée afin d'éclairer la décision.

L'évaluation vise d'abord à fournir aux pouvoirs publics des outils pour rendre leur action efficace. Elle doit fournir trois types d'information :

- comment fonctionne la politique et quels sont ses effets ?
- ses effets sont-ils à la hauteur des objectifs ?
- peut-on faire mieux et comment ?

Selon les conclusions de l'évaluation, les décideurs pourront être amenés à modifier une politique, à y mettre fin ou au contraire à la généraliser.

Les premiers programmes d'évaluation ont vu le jour aux Etats-Unis au début du XXe siècle. Le General Accounting office, équivalent des cours des comptes européennes, est créé en 1921. Cet organisme, qui dépend du congrès, devient à partir de 1970 un acteur central de l'évaluation.

A cette époque, l'évaluation est approchée de manière principalement quantitative. Aujourd'hui encore, le poids de l'évaluation dans l'action publique américaine est bien plus important qu'en Europe.

Après la Seconde Guerre mondiale, la pratique de l »'évaluation se répand aux autres pays anglo-saxons (Etats-Unis, Canada, Nouvelle Zélande) et à l'Europe du nord. Ce sont ces pays qui sont aujourd'hui à la pointe en matière d'évaluation (nombre de programmes, budget, influence sur la décision publique). Il faut ajouter à cela des organisations internationales, telles que la Banque mondiale ou la Commission européenne, qui ont beaucoup recours à l'évaluation.

En France, un développement tardif, il faut attendre les années 1970 et 1980 pour voir s'imposer l'évaluation comme un outil de la modernisation de l'Etat. Dans les années 1980, l'évaluation est principalement confiée au Commissariat général du Plan. Puis l'impulsion vient du gouvernement de Michel Rocard à la fin des années 1980. Ce dernier voit dans l'évaluation un instrument indispensable pour améliorer l'efficacité de l'action publique dans un contexte de contrainte budgétaire.

La pratique de l'évaluation en France fait intervenir de nombreuses institutions publiques : Parlement, Cours des comptes, Institut national de la statistique et des études économiques, etc.

L'évaluation dans le débat public : l'évaluation répond au besoin croissant de rationnaliser l'action publique, compte tenu des contraintes qui s'exercent sur elle :

- la diversité de la demande sociale (pouvoir d'achat, sécurité, services publics etc.) et des objectifs politiques (économiques, sociaux, environnementaux) qui entrent parfois en conflit ;
- une situation difficile pour de nombreux Etats ;
- une crise de confiance entre le peuple et ses dirigeants, qui force ces derniers à rendre des comptes de leur action.

L'EPP est une pratique relativement récente, qui demeure entourée d'un certain flou. Il existe aujourd'hui un débat important sur son statut, ces objectifs et sa méthode. S'agit-il d'une connaissance objective ou d'une construction sociale ?

A cheval entre plusieurs disciplines, la théorie et la pratique, le monde universitaire et le monde politique, L'EPP déroute par sa nature composite. Les acteurs de l'évaluation (administrateurs, chercheurs, consultants etc.) n'ont en outre pas toute la même conception de son rôle.

L'évaluation est-elle efficace ? l'influence réelle de l'évaluation sur la décision publique est difficile à mesurer. En effet, il n'existe pas de mécanisme automatique liant évaluation et prise de décision, les choix politiques des décideurs entrant souvent en jeu.

Si ses effets à court-terme sont souvent limités, l'évaluation influence indirectement les décisions politiques à plus ou moins long terme en tant qu'elle enrichit l'état général de la réflexion sur les politiques publiques. D'une manière générale, l'influence de L'EPP est plus forte dans les pays anglo-saxons (Etats-Unis, Canada, Australie, etc.) et dans les organisations internationales (Banque mondiale, Union européenne, etc.).

En 1932, au beau milieu d'une période qui ressemble étrangement à celle que nous vivons aujourd'hui, Franklin Delano Roosevelt déclarait : « Notre pays a besoin de- et à moins que je ne me méprenne sur ses aspirations, notre pays exige que nous essayions de nouvelles choses, avec audace et persévérance. Tenter une nouvelle approche relève du bon sens : si elle échoue, admettons-le avec franchise et essayons-en une autre. Mais, avant toute chose, tentons quelque chose. » c'est dans ce cadre que se place le travail d'évaluation.

Il ne doit pas être compris de manière restrictive, comme une sanction après coup. Il doit aider à la prise de décision et à l'expérimentation politique.

La lutte contre la pauvreté n'échappe pas à cette approche. Il faut sans cesse expérimenter et réfléchir en dehors des cadres habituels. Malheureusement, les domaines de la politique sociale manquent trop souvent d'imagination. Il faut y voir en partie l'effet de contraintes politiques. Les hommes politiques sont souvent prisonniers de leurs ambitions.

Ils voudront toujours en faire trop en finir avec un problème sur-le-champ. Les politiques sont souvent mises en place au niveau national, avant même d'avoir été testées sur des territoires plus restreints. C'est pourtant ainsi que les idées peuvent être confrontées à la réalité du terrain et par la suite affinées.

II.I Choix des méthodes et degré de confiance de l'évaluation

Il est impératif de disposer des données de qualité pour évaluer l'impact des politiques publiques. Les données les plus essentielles sont celles qui permettent de mesurer les indicateurs de résultats directement affectés par le programme.

L'évaluation d'impact ne doit toutefois pas se réduire à la mesure des résultats que le programme vise directement. Des données sur des indicateurs de résultats indirectement affectés par le programme ou sur des indicateurs reflétant les effets involontaires du programme augmentent la valeur des informations générées par l'évaluation d'impact.

Les évaluations d'impact sont généralement réalisées sur plusieurs périodes, et vous devez donc déterminer le moment adéquat pour mesurer les indicateurs de résultats. En suivant la chaîne de résultats, vous pouvez établir un classement des indicateurs de résultats allant des indicateurs à court terme (comme les taux de scolarisation dans le contexte d'un programme éducatif) aux indicateurs à long terme (comme l'achèvement des études ou l'insertion professionnelle).[17]

Afin de mesurer l'impact de manière fiable au fil du temps, des données sur ces indicateurs doivent dans la mesure du possible être collectées dès l'enquête de référence. Outre les indicateurs de résultat, il est également utile de prendre en compte les éléments suivants :

- des données administratives sur la mise en œuvre de l'intervention. Il faut au moins disposer de données de suivi pour savoir quand un programme débute et qui en bénéficie ainsi que pour pouvoir mesurer l'intensité de l'intervention dans les cas om tous les bénéficiaires ne bénéficient pas du même contenu, de la même qualité ou de la même durée de traitement.

- les données sur les facteurs exogènes susceptibles d'influer sur le résultat à l'étude. Ces données permettent de vérifier s'il existe des influences extérieures. Cet aspect est particulièrement important lors de l'utilisation des méthodes d'évaluation reposant sur un plus grand nombre d'hypothèses que les méthodes aléatoires. La prise en

[17] L'évaluation d'impact en pratique. Paul J. Gertler, Sebastian Martinez, Patrick Premand, Laura B. Rawlings, Christel M. J. Vermeersch. World Bank. P.172. 2007

compte de variable de contrôle permet également de renforcer la puissance statistique.

- des données sur d'autres caractéristiques. L'inclusion de variables de contrôles supplémentaires ou l'analyse de l'hétérogénéité des effets du programme selon certaines caractéristiques permet d'affiner l'estimation des effets du traitement.

Pour conclure, il est nécessaire d'obtenir des indicateurs tout au long de la chaîne de résultats y compris des indicateurs de résultats finaux, des indicateurs de résultats intermédiaires, et des mesures de la mise en œuvre de l'intervention, des facteurs exogènes et des caractéristiques de contrôle.[18]

II.2 Evaluation prospective et évaluation rétrospective

Les évaluations peuvent être regroupées en deux catégories : les évaluations prospectives et les évaluations rétrospectives. Les évaluations prospectives sont prévues dès la conception du programme et font partie intégrante de sa mise en œuvre. Les données de l'enquête de base (ou enquête de référence) sont collectées avant la mise en place du programme tant pour le groupe de traitement que pour le groupe de comparaison.

Les évaluations rétrospectives portent, quant à elles, sur l'impact du programme après la mise en œuvre de celui-ci, les groupes de traitement et de comparaison étant définis ex-post.[19]

[18] Evaluation d'impact en pratique. Paul J. Gertler, Sebastian Martinez, Patrick Premand, Laura B. Rawlings, Christel M. J. Vermeersch. World Bank. P.172. 2007

[19] Evaluation d'impact en pratique. Paul J. Gertler, Sebastian Martinez, Patrick Premand, Laura B. Rawlings, Christel M. J. Vermeersch. Banque Mondiale. P.13

L'évaluation est-elle objective ? si l'EPP doit tendre à l'objectivité, ses résultats ne sont jamais neutres. Chaque étape du processus implique des choix qui pourront orienter (volontairement ou non le résultat final :

- le choix des politiques à évaluer et de la méthode à adopter dans la phase de questionnement préliminaire ;
- le choix des données à utiliser dans la phase de collecte et de traitement des données ;
- le choix des résultats à mettre en valeur dans la phase d'interprétation des résultats et de recommandations.

Pourquoi y a-t-il encore peu d'études d'impact ? ces éléments semblent relever du bon sens. Cependant, dans les pays pauvres comme dans les pays riches, les études d'impact demeurent peu nombreuses. Comment expliquer ce constat ? une première hypothèse consiste à affirmer que personne ne souhaite véritablement que soit pratiquée une évaluation rigoureuse.

Les partisans d'un programme, hommes politiques qui souhaitent continuer à percevoir un financement, multinationales qui souhaitent montrer qu'elles agissent de manière responsable pour la planète, ont tout intérêt à proclamer que l'action a été couronnée de succès.[20]

Les deux étapes de l'évaluation : évaluation de processus et évaluation d'impact

Pour s'assurer de l'impact d'une politique, il est donc nécessaire de procéder à une évaluation. Cette évaluation se décline en plusieurs étapes.

---

[20] Méthodes d'évaluation des politiques publiques actes du séminaire, sous la direction de Nicolas Studer, Directrice de la publication Anne-Marie Brocas. P. 18

Tout d'abord, l'évaluation du processus (audit, contrôle...) permet de vérifier que la politique a été mise en place comme prévu. Ensuite, une évaluation d'impact doit être menée. Elle permet de vérifier si les résultats escomptés ont été effectivement atteints.

La première de ces deux évaluations n'est conceptuellement pas difficile à réaliser, même si elle peut s'avérer délicate en pratique. En principe, il suffit de suivre les flux financiers et les réalisations effectives, afin de documenter ce qui a été entrepris et comparer cela au programme défini à l'avance.

L'évaluation d'impact est en revanche complexe en ce sens qu'elle impose de comparer la situation des bénéficiaires d'une politique à la situation qu'ils auraient connue si cette politique n'avais pas été mise en œuvre. Or ce dernier aspect relève de la spéculation. Il est possible de déterminer avec plus ou moins de précision la situation d'un bénéficiaire avant la mise en place de la politique et après celle-ci.

Il serait cependant une erreur de croire que la situation d'un bénéficiaire avant la mise en place de la politique correspond à la situation que ce même bénéficiaire aurait connue si cette politique n'avait pas été mise en place. Beaucoup de choses auraient pu influer entre-temps.

II.3. Les différentes méthodes d'évaluation d'impact[21] :

Pour résoudre ce dilemme, il est important de constituer un groupe de contrôle adéquat. Ce groupe test sera bénéficiaire d'une politique différente ou exclu de toute politique et totalement comparable dans sa composition au groupe des bénéficiaires. En réalité, la difficulté réside dans le fait que les non-bénéficiaires ne sont généralement pas vraiment comparables aux bénéficiaires. Ces derniers sont choisis en effet en fonction de critères précis qui les distinguent du reste de la population.

II.3.1. Econométrie traditionnelle :

Comment constituer un groupe test viable ? l'économétrie traditionnelle a recours à des techniques statistiques (matching, régression...) en contrôlant l'ensemble des variables, pour tenter d'effacer les biais ex post. Dans le cas de la parité, il serait ainsi possible de vérifier le poids relatif des femmes dans la population de la commune, l'éducation des femmes, les politiques entreprises par le passé...

Cependant, on ne peut jamais être sûr d'avoir pris en compte tous les paramètres nécessaires. La manière dont l'on construit le groupe de contrôle peut avoir un impact très fort sur des résultats. En appliquant plusieurs méthodes de constitution du groupe de contrôle, il est possible au final de choisir les résultats qui arrangent le décisionnaire.

Expériences naturelles :

[21] Méthodes d'évaluation des politiques publiques actes du séminaire, sous la direction de Nicolas Studer, Directrice de la publication Anne-Marie Brocas. P. 19

La deuxième possibilité réside dans les expériences naturelles, qui exploitent des situations dans lesquelles les groupes sont parfaitement comparables. Pour reprendre l'exemple de la parité, il est possible de comparer une commune où une femme a gagné de justesse à une autre où une femme a perdu de justesse. On peut estimer que c'est le hasard de l'élection qui a fait en sorte que certains partisans d'un candidat ne sont pas déplacés. Cependant, il n'est pas toujours possible de mettre en place ces expériences naturelles.

Evaluation aléatoire :

La troisième méthode a pour nom « l'évaluation aléatoire ». Celle-ci est prospective. Avant même la mise en place du programme, est choisi aléatoirement parmi un groupe de bénéficiaires potentiels un échantillon de participants, qui deviendra le groupe test. Il faut réunir certaines conditions pour mettre en place une telle évaluation.

Elle n'est possible que pour les programmes pilotes qui n'ont par définition pas vocation à prendre en charge l'intégralité d'une population ou lorsque les budgets sont trop limités pour traiter toute la population.

En effet, il est possible de déterminer au hasard l'ordre dans lequel les programmes sont attribués. Enfin, parfois, il arrive qu'allouer un programme au hasard soit la solution retenue comme la plus équitable.

Dans tous les cas, il est nécessaire de choisir le groupe test avant la mise en place de la politique. Le groupe de contrôle est alors parfaitement comparable au groupe des bénéficiaires. Parfois, ce sont deux politiques différentes qui sont appliquées à deux groupes identiques.

II.3.2. L'évaluation : Nécessité ou Gadget[22] ?

Sylvie TROSA indique dans son ouvrage que par-delà le changement constitutionnel, les bases de l'évaluation sont inscrites dans la modernisation de l'Etat depuis 2006. En effet la LOLF prévoyait en créant des programmes que ceux-ci soient évalués. Elle supposait aussi que chaque programme soit déroulé selon ce que l'on appelle communément la chaîne des résultats, c'est-à-dire la nécessité de mettre de la cohérence entre les finalités, les objectifs à atteindre, et la façon de mesurer et d'évaluer les résultats ainsi que d'instituer une réflexion sur la meilleure stratégie de mise en œuvre.

Les convergences internationales :

Des conclusions communes se dégagent de l'ensemble des textes.

La première convergence, la plus fondamentale, se trouve dans ce que l'on attend de l'évaluation. S'agit-il de blâmer, de repérer les principaux dysfonctionnements ou bien d'améliorer tant la performance au quotidien que les politiques publiques, dans un souci constructif ? ce projet peut paraître plus modeste et moins médiatique, mais ne poursuit pas la même finalité.

Ceci pourrait se nommer « l'évaluation-compréhension », ce qui ne signifie pas l'évaluation indulgence, ni l'évaluation capturée par des intérêts particuliers. Il est nécessaire de définir précisément le sens qu'on donne à l'évaluation avant de s'y lancer. Cherche-t-on une évaluation qui

---

[22] Sylvie TROSA. Haut fonctionnaire, spécialiste du management public. Chargée de mission à l'institut de la gestion publique et du développement économique du ministère de l'économie, des finances. Philosophe, chargée de mission évaluation à la cour des comptes France.

se veut jugement ? cherche-t-on une évaluation dont le but est de comprendre les phénomènes observés et notamment les écarts entre les objectifs et les résultats ?

Cette dernière acception ne suppose pas nécessairement de jugement direct sur les services et les personnes, mais sur les modalités de mise en œuvre, les stratégies, les systèmes d'incitation, la logique des acteurs, la pertinence des objectifs au regard des résultats, etc. En fait, le mot évaluation est moins chargé de l'idée de « jugement de valeur » dans d'autres langues que la nôtre. L'évaluation se rapproche ainsi de la prospective : comprendre ce qui s'est passé ou se passe pour répondre à des questions importantes pour l'avenir et pour l'action.

En ce sens, il n'y a pas adéquation totale entre l'évaluation des performances (qu'il est en général assez facile d'attribuer à un organisme public) et l'évaluation des impacts ne sont jamais ou rarement le fait d'un seul acteur : ils ne lui sont pas imputables. N'est imputable que ce que sur quoi l'on a des leviers d'action (ou moyens d'action) effectifs.

La deuxième convergence réside dans le fait que l'évaluation ne peut se faire sans la collaboration des évalués et des parties prenantes pour obtenir les informations pertinentes et connaître les jeux d'intérêt existants autour de la politique mise en œuvre. Plus fondamentalement, l'évaluation doit gérer non seulement des faits mais aussi des perceptions (cf. la contribution de Nicoletta Stame).

Si les perceptions n'évoluent pas, les conclusions de l'évaluation resteront lettre morte (« on ne change pas l'Etat par décret »). On entend souvent dire, pour discréditer l'évaluation, qu'il y aurait autant de points de vue que d'experts. Mais avoir une diversité d'analyse n'est pas en soi antidémocratique, au contraire. L'important est de trouver des modes de dialogue non antagonistes qui permettent de rechercher des solutions plutôt que d'affirmer des positions.

Il n'y a donc pas d'évaluation sans faire confiance à la connaissance, tout en sachant que cette dernière n'est jamais monolithique, que la vérité n'est pas unique ! là réside l'équilibre difficile, mais en même temps productif, de l'évaluation.

Car la production de conclusions aussi fondées que possible permet l'apprentissage de ces conclusions par les acteurs responsables de la politique. L'évaluation est donc un travail de conciliation entre la production de données objectives et les « représentations » des acteurs sociaux. La problématique de l'évaluation est l'antithèse de la culture du rapport. L'évaluation cherche à développer ce que l'on appelle parfois « l'apprentissage collectif ».

Pour y parvenir, il faut utiliser les chiffres et les études pour faire évoluer les modes de travail des partenaires de la politique mise en œuvre avant même que le rapport d'évaluation ne soit remis. L'évaluation est alors une sorte de propédeutique à la décision. Ceci n'équivaut pas à une recherche de consensus à tout prix, l'évaluation ne diminue pas la nécessité de l'arbitrage et de la construction d'un intérêt général.

La troisième convergence est celle de la nécessité d'approches pluridisciplinaires.

Les disciplines qui contribuent à cerner les résultats de l'action publique doivent se conjuguer et non s'ignorer. Le pilotage de la performance vise l'amélioration continue de la politique examinée, en comparant les objectifs et les résultats atteints.

Les systèmes comptables jouent à cet égard un rôle décisif. Le pilotage de la performance (performance monitoring) est une extension des systèmes d'information de suivi. Cette activité porte une attention particulière aux résultats obtenus, par exemple grâce à des tableaux de bord traditionnellement élaborés par les contrôleurs de gestion, et qui se concentrent sur les produits et services délivrés par les organisations publiques.

L'audit de performance recherche et identifie des dysfonctionnements des organisations et en examine les causes, avec notamment le souci de savoir qui est l'auteur de la performance ou de la non performance, en vue d'apprécier le fonctionnement des institutions concernées.

Pour autant que des questions sur les résultats réels de l'action publique soient soulevées par les travaux, l'audit de performance se contente généralement d'hypothèses explicatives plutôt que d'analyses approfondies, faute de temps et d'équipes à même de les réaliser.

L'évaluation se préoccupe moins de juger les institutions que d'améliorer les politiques publiques (Policy and program evaluation) prend son origine dans la recherche en sciences sociales et dans son application à la (re)définition des politiques programmes publics.

En compilant la littérature, il apparaît que les méthodes d'évaluation et de l'efficacité incluent l'évaluation qualitative, l'évaluation participative, l'enquête de satisfaction, l'expérimentation, la quasi-expérimentation, la monétisation de l'impact, la « méthode des effets ».

La question peut être aussi celle de la sélection des stratégies efficientes. Elle complète les résultats d'une évaluation de l'efficacité en introduisant la dimension « coût et budget » des politiques publiques. Elle est mobilisée pour comparer des stratégies d'intervention en concurrence.

Par exemple, dans le cas le plus simple où deux stratégies d'intervention la moins coûteuse (de ce fait la plus efficiente). L'analyse devient naturellement plus complexe lorsque les stratégies produisent des effets différents.

En compilant la littérature, il apparaît que les méthodes d'évaluation de l'efficience incluent l'analyse financière, l'analyse des coûts, l'analyse d'impact budgétaire, l'analyse coût-bénéfice, l'analyse coût-efficacité, l'analyse multicritère.

L'étape de la rédaction du cahier de charge de l'évaluation est cruciale pour le commanditaire puisqu'elle va fournir le cadre de travail du prestataire.

Cette rédaction demande des moyens humains permanents et une expertise importante de la part des services du commanditaire qui sont en charge de cette mission (par exemple les services d'études et de recherche d'un ministère ou encore les services d'évaluation d'une assemblée).[23]

Outre l'exposé des besoins et donc de la question posée, le cahier des charges doit décrire précisément les objectifs de la politique à évaluer et les relier aux effets attendus. Cela dit, autant de la description des objectifs

[23] Etude pour le comité d'évaluation et de contrôle des politiques publiques de l'assemblée nationale Française : Maurice BASLE, Professeur émérite des universités en sciences économiques, Jean-Michel JOSSELIN, Professeur des Universités en sciences économiques, Benoît LE MAUX, maître de conférences (HDR) en sciences économiques. 13 février 2018. P 12

doit être précisé et circonscrite, autant une certaine latitude doit être laissée à l'évaluateur dans sa recherche et son appréciation des effets (attendus et inattendus) de la politique.

De même, le choix de la méthode de mesure de l'efficacité puis de l'efficience (s'il est pour cette dernière décidé d'aller « au bout » du processus évaluatif) doit être une codécision du commanditaire et de l'évaluateur. Le temps du débat qui consiste à discuter du choix des méthodes.

Le recensement des données et connaissances existantes sur le sujet est une aide précieuse. Le cahier de charges doit en faire le recensement mais aussi prévoir la récolte des données de suivi ou de monitoring (moyen engagés, données sur les bénéficiaires, indicateurs de résultats, etc.) qui seront mobilisées dans la démarche évaluative.

La mise en service d'un comité de suivi du marché de prestations intellectuelles est obligatoire. L'instance ou comité de suivi a minima le commanditaire et les parties prenantes de la politique publique examinée. Suivent alors la mise en marché et le choix du prestataire de l'évaluation.

Une des difficultés de cette étape est de trouver un équilibre entre une commande publique précise (et donc d'autant plus intelligible pour le prestataire) et une suffisante ouverture du cahier des charges qui laisse des marges de manœuvre au prestataire pour adapter méthodes et mesures aux circonstances et au budget de l'activité d'évaluation.

Le respect des temps de l'évaluation doit être assuré. Selon les méthodes utilisées, l'horizon de la fin de l'évaluation peut être éloigné et il convient d'en tenir compte, de même que du temps de mise en œuvre des recommandations susceptibles d'en découler.

Au plan calendaire, à noter que l'évaluation peut se faire en amont, avant la mise en place éventuelle de la politique (par exemple quant à l'opportunité d'un dépistage de masse en cancérologie), ou en aval, après sa mise en place (par exemple, les résultats d'un programme de rénovation urbaine).

Cette mise en place peut s'accompagner d'un suivi « chemin faisant », des moyens effectivement engagés et des résultats d'étape. La démarche doit prévoir un temps du bilan et un temps d'utilisation des résultats de l'évaluation. Le bilan est nécessaire à deux titres.

D'une part, dès lors que les commanditaires ont décidé la mise en place de » la stratégie jugée la plus efficace ou efficiente, il convient également d'en accompagner la mise en œuvre : trop de recommandations de rapports évaluatifs restent lettre morte.

Il en résulte un gaspillage de fonds publics et une perte de chance (opportunité) pour les citoyens qui auraient pu bénéficier. D'autre part, l'évaluation des politiques publiques reste un processus où toutes les parties prenantes « apprennent en faisant ». Il convient donc de conduire le changement en capitalisant cet apprentissage, en le diffusant dans toutes les sphères de l'action publique. Des domaines pionniers comme celui de la santé ont à cet égard une forme d'exemplarité qui peut s'avérer utile dans d'autres champs d'intervention.

L'étape de la pédagogie de l'évaluation et de ses résultats est cruciale également : sa qualité sera un gage de la pérennité de la démarche évaluative. Dans tous les cas, l'évaluation produit des informations et des connaissances qu'il faut rendre intelligibles tout en conservant leur précision, leur rigueur scientifique et éventuellement leur incertitude.

Une fois la mesure de l'efficacité ou de l'efficience obtenue se pose **la question de l'éventuel transfert des résultats** à l'ensemble des bénéficiaires potentiels, que ce soit dans le temps ou sur d'autres périmètres territoriaux. Une évaluation est très rarement menée à l'échelle de toute la population concernée.

Même si les résultats sont obtenus sur des échantillons qui sont parfois très larges (par exemple, les bases de données de santé dans certains pays, permettent désormais de travailler sur plusieurs dizaines de milliers de patients), il faut se pencher sur les conditions de leur généralisation avant la décision de mise en œuvre des recommandations qu'ils portent. Ceci vaut également pour des différences de contextes territoriaux (métropole, monde rural par exemple).

L'étape de la capitalisation des résultats est très utile à long terme. La capitalisation fait évoluer le choix des méthodes ainsi que les méthodes elles-mêmes. L'évaluation de l'évaluation des politiques publiques n'est pas un simple élément de langage, c'est aussi une façon intelligente d'assurer en pratique continue, ouverte et intelligente l'amélioration de l'action publique.

Pour résumer cette partie de la littérature théorique, il faut retenir qu'une évaluation d'impact permet d'identifier les changements du bien-être des individus qui peuvent être attribués à un projet, un programme ou une politique particulière.

Le concept de l'attribution est au cœur des évaluations d'impact. De ce fait, le principal défi d'une évaluation est d'identifier la relation causale entre un programme ou une politique et les résultats à l'étude. Les évaluations d'impact visent généralement à estimer l'impact moyen d'un programme sur le bien-être des bénéficiaires.

II.3.3 L'identification de l'effet propre d'un programme

Par évaluation, on comprend souvent évaluer le processus de mise en œuvre d'un programme généralement destiné à une population spécifique. Les analyses s'apparentent alors à un audit : compter le nombre de bénéficiaires effectifs, déterminer le taux d'entrée dans le programme, vérifier que les services prévus ont bien été offerts, qu'ils étaient de bonne qualité, etc. Ce sont des questions importantes et utiles, mais pas suffisantes[24].

Les programmes ont en effet surtout pour finalité d'atteindre un objectif, par exemple favoriser la réinsertion professionnelle des personnes privées d'emploi et les évaluations de processus ne donnent aucune information sur ce point qui est ignoré, soit considéré comme acquis. Il est pourtant crucial de vérifier si les objectifs assignés aux programmes sont atteints et si le programme est rentable ou non à partir d'une analyse coût-bénéfice et d'explorer des pistes d'amélioration. C'est l'objet des évaluation dites « impact ».

[24] Méthodes d'évaluation des politiques publiques, actes du séminaire sous la Direction de Nicolas Studer, Directrice de la publication Anne-Marie Brocas. P 35

Le biais de sélection : un problème central

La formalisation de ce que peut être l'impact d'un dispositif, au niveau individuel ou collectif, et la façon dont on peut le mesurer ont été l'objet de recherches importantes (Angrist et Krueger, 2001 ; Heckman et Vytlacil, 2005). L'effet causal de la participation à un dispositif (par exemple la sortie du chômage vers l'emploi) est défini comme la comparaison entre la situation d'un individu bénéficiaire et ce qu'aurait été sa situation s'il n'avait pas participé au programme.

On compare donc une situation réelle et observée, celle de l'individu bénéficiaire, avec une situation virtuelle inobservée. L'effet causal a une caractéristique centrale : il est inobservé. On n'observe pour chaque individu qu'une seule des deux situations : avec et sans participation au programme. Il y a nécessairement une des deux informations qui est manquante. Pour mesurer l'impact d'un programme, il est nécessaire de reconstruire cette situation inobservée.

L'idée est de s'appuyer sur la situation observée pour des individus n'ayant pas participé au programme. On est alors amené à confronter la situation moyenne observée pour un groupe de participants et la situation moyenne observée pour un groupe de non-participants un groupe de contrôle. La question est alors celle du choix de ce groupe de contrôle.

III. Les méthodes économétriques d'évaluation des politiques publiques

Dans ce chapitre, nous essayons de mettre l'accent sur les principales méthodes économétriques qui peuvent être utilisées pour l'évaluation ex post de l'impact d'une politique publique. Bien entendu que nos travaux s'inspirent de plusieurs recherches antérieures comme celles de Pauline GIVORD[25]

L'évaluation économétrique de l'impact d'un programme a pour objectif de quantifier les effets d'une intervention (politique publique ou autre) sur un résultat (état de santé, salaire, emploi, dépenses, niveau de compétences, etc.) mesuré sur une population. L'exercice est particulier : les bénéficiaires possèdent des caractéristiques difficiles à mesurer (motivation, processus de sélection complexe, situation antérieure…).

Une simple comparaison de la situation des bénéficiaires avec celle des non bénéficiaires ne permet donc pas en général de séparer les effets propres du programme de ceux qui résultent de ces caractéristiques. Dès lors, le principal défi de l'évaluation est d'identifier le contrefactuel, c'est-à-dire la situation, fondamentalement inobservable, qui aurait prévalu en l'absence du programme.[26]

Depuis les années 70, des méthodes statistiques et économétriques ont été développées pour déterminer l'effet causal de la politique, c'est-à-dire

[25] Département des études économiques d'ensemble, division « marchés et stratégies d'entreprise » Timbre G230-15, bd Gabriel Péri-BP 100°-92244 MALAKOFF CEDEX
[26] ENSAE-ENSAI, formation continue (CEPE)

l'apport intrinsèque de la politique sur des changements intervenus à la suite de sa mise en place.

Ces méthodes ont été introduites dans le domaine de la recherche médicale, mais ont été fortement utilisées, par la suite, dans l'évaluation des politiques de l'emploi et de la formation. Popularisées par les travaux de Rubin (1974), Rosenbaum et Rubin (1983), Holland (1986), Heckman (2001), Heckman et Vytlacil (2007), entres autres, ces méthodes ont permis la mise en place d'un cadre méthodologique pour estimer l'effet d'une politique publique.[27]

Ce chapitre met également l'accent sur les problèmes de sélection qui se posent pour une évaluation (en particulier distinguer ce qui relève de l'effet de la politique des spécificités éventuelles de ces bénéficiaires).

Il commence par rappeler le cadre classique dit « de Rubin » pour définir une inférence causale, puis décrit en détail les quatre principales méthodes empiriques : différences de différences, variables instrumentales, régression sur discontinuités et sélection sur observables.

Comme indiqué dans l'introduction de cet ouvrage, la demande d'évaluation est de plus en plus présente dans le débat public. Quel est l'impact d'un programme de suivi des chômeurs ? du classement de certaines zones urbaines en zones franches ? autant de questions sur lesquelles le statisticien pourrait être sollicité pour apporter des éléments de réponse.

---

[27] SILEYMANE BA. Thèse de Doctorat : Essai sur l'intégration des interactions dans l'évaluation des politiques publiques, l'apport des méthodes de l'économétrie spatiale. P. 19

A ces questions, des indicateurs de suivi (nombres de bénéficiaires, coût budgétaire de la mesure) apportent des éléments de cadrages indispensables mais pas de réponse sur l'efficacité d'une politique.

Selon Pauline GIVORD (2010) : « le coût social d'une mesure ne se limite pas à son coût budgétaire initial. Une politique de formation des chômeurs, si elle est efficace pour faciliter le retour à l'emploi des chômeurs qui en bénéficient, peut permettre de réduire le nombre de chômeurs indemnisés. Bien que coûteuse en soi, elle peut donc être en partie autofinancée. Une étude d'impact est essentielle pour estimer la rentabilité économique de la mesure. »

Cette approche est cependant complexe, il s'agit de déterminer si les éventuelles améliorations constatées peuvent attribuées à la mise en place de cette mesure. Une mesure est en général ciblée sur des populations particulières, dont les caractéristiques socioéconomiques auraient de toute façon différentes de celle du reste de la population, que la mesure ait été mise en place ou non.

Par exemple, les classes à effectif réduit regroupent généralement les enfants les plus en difficulté. Il n'est pas alors surprenant que les résultats moyens soient plus faibles dans ces classes. En conclure qu'augmenter la taille des classes est efficace pour lutter contre l'échec scolaire serait cependant abusif. Ces effets de sélection, ou de population, rendent l'évaluation difficile.

De nombreuses méthodes économétriques ont été développées pour traiter ces questions ces dernières décennies. Elles se distinguent des usages classiques de l'économétrie appliquée par au moins deux points.

D'une part, une grande attention aux hypothèses nécessaires pour identifier un effet causal, qui pousse à plus de rigueur dans l'analyse empirique. D'autre part, une attention particulière est portée sur le fait que les effets puissent être différents selon les personnes. Cette littérature est encore en développement, et il n'existe pas toujours de consensus sur ces points.

III.I Le cadre de Rubin

Les travaux de Rubin ont fécondé l'ensemble de la recherche sur la causalité en sciences sociales. Il a notamment permis d'orienter les recherches empiriques sur les hypothèses permettant d'identifier une relation causale et participé au développement de plusieurs méthodes d'inférence causale basées sur ces hypothèses (Rosenbaum et Rubin 1983, Angrist, Imbens, et Rubin 1996) a[28].

L'objectif de Rubin était d'introduire un cadre formel permettant de justifier l'utilisation de méthodes non expérimentales d'évaluation dans les situations où une distribution aléatoire d'un traitement n'avait pas été possible et de justifier formellement l'adéquation des méthodes expérimentales à la démonstration de l'existence de relations causales. Holland (1986) offre un aperçu très efficace de l'apport de Rubin.

L'analyse de la causalité a longtemps été délaissée par la statistique. La célèbre phrase « correlation is not causation » attribuée à Karl Pearson résume bien ce dédain pour l'idée de causalité. Il faut en effet comprendre

[28] Sylvain Chabe-Ferret : L'évaluation de l'impact des politiques publiques : caractérisation des enjeux et exemples des politiques agricoles et forestières. Thèse Nouveau régime présentée et soutenue publiquement le 25 Juin 2008. P. 15

que pour Pearson, la corrélation est une forme « supérieure » à la causalité, en ce sens que l'on peut simplement la définir, l'estimer et réaliser des tests sur sa valeur.

La causalité est une notion vague, que l'on ne peut faire entrer dans aucune table de contingence, elle mérite donc d'être abandonnée au profit de la corrélation (Pearl 2000, p.340).

De la même manière l'économétrie, après plusieurs contributions majeures à l'analyse de la causalité (Simon, 1952, 1953, 1954, 1955, Simon et Rescher 1966), a délaissé ce champ, en renonçant à réfléchir aux sources d'identification des relations causales qu'elle estimait. Pendant de longues années, la seule analyse de la causalité était faite en référence à l'expérimentation, préconisée notamment par Fischer (1926). b[29]

C'est donc dans la pratique de la science appliquée que la notion de causalité a progressée et c'est par elle qu'elle a pu entrer à nouveau dans les champs conceptuels de la statistique et de l'économétrie. On peut attribuer à une série d'articles de Rubin (1974, 1977,1978) l'émergence du concept de résultat potentiel, qui sous l'influence de Neyman (1923) a permis de formaliser la notion d'effet causal d'un traitement.

Dans toute la situation, nous allons nous placer dans le cadre de « Rubin », du nom du statisticien qui l'a popularisé au cours des années 70. Le vocabulaire de cette approche emprunte beaucoup au champ de l'expérimentation médicale dont il est issu. Ainsi, on parle souvent de traitement pour désigner la variable dont on cherche à mesurer l'effet.

---

[29] Sylvain Chabe-Ferret : L'évaluation de l'impact des politiques publiques : caractérisation des enjeux et exemples des politiques agricoles et forestières. Thèse Nouveau régime présentée et soutenue publiquement le 25 Juin 2008. P. 17

En pratique, on s'intéresse donc à l'évaluation d'une mesure T. Dans la version la plus simple, on distingue les personnes qui bénéficient de cette mesure ($T = 1$) de celles qui n'en bénéficient pas ($T = 0$). On s'intéresse alors à l'effet de cette mesure sur une grandeur d'intérêt, qu'on appellera souvent dans la suite le revenu.

L'originalité ici est de considérer que chacun a « virtuellement » deux revenus potentiels, selon qu'il bénéficie ou non de la mesure. On note donc Y_0 le revenu associé à $T = 0$ (pas de traitement) et Y_1 le revenu associé à $T = 1$ (traitement).

Ces variables correspondent aux résultats potentiels (potential outcomes) du programme. Elles ne sont jamais simultanément observées à la même date pour un même individu. Ainsi, pour un individu traité, Y_1 est observée tandis que Y_0 est inconnue.

Dans ce cas, la variable Y_0 correspond au résultat qui aurait été réalisé si l'individu n'avait pas été traité.

On dit aussi que la variable Y_0 représente le résultat contrefactuel. Pour un individu non traité, on observe au contraire Y_0, tandis que Y_1 est inconnue. La variable résultat observée peut donc se déduire des variables potentielles et de la variable de traitement par la relation :

$$Y = TY_1 + (I - T)Y_0$$

Seul le couple (Y, T) est observé pour chaque individu.

La définition de la variable d'intérêt n'est jamais évidente et demande de s'interroger sur les objectifs que l'on assigne à la politique qu'il s'agit d'évaluer : par exemple, s'intéresse-t-on à l'effet d'un stage de formation sur le retour à l'emploi ? le salaire ? la récurrence d'épisodes de chômage ? si l'on diminue la taille des classes cherche-t-on à augmenter les résultats moyens ? ceux des plus faibles ? ou plutôt à réduire les inégalités ? un bilan complet d'une mesure ne peut être fourni par un chiffre unique, et l'analyse de ces multiples facettes est importante.[30]

III.I.1 Le modèle causal de Rubin avec variables instrumentales et la définition du traitement

la présentation du modèle causal de Rubin modifié pour prendre en compte l'existence de variables instrumentales a été faite dans trois papiers[31] : le résultat principal général d'identification de l'effet local moyen du traitement est donné par Imbens et Angrist (1994) ; l'ensemble des hypothèses, une discussion plus longue de leur probabilité et quelques exemples d'application sont donnés par Angrist, Imbens et Rubin (1996) ; enfin, Angrist et Imbens (1995 étendent leurs résultats au cas de traitement dont l'intensité varie (années d'étude...)[32]

Quelques définitions :

Une variable Z_i est définie comme variable instrumentale si elle influence la réception du bénéfice de la politique évaluée D_i et si elle est indépendante des résultats potentiels Y_i^0 et Y_1^1.

[30] Département des études économiques d'ensemble, division « marchés et stratégies d'entreprise » Timbre G230-15, bd Gabriel Péri-BP 100°-92244 MALAKOFF CEDEX. P. 5

[31] Sylvain Chabe-Ferret : L'évaluation de l'impact des politiques publiques : caractérisation des enjeux et exemples des politiques agricoles et forestières. Thèse Nouveau régime présentée et soutenue publiquement le 25 Juin 2008. P.61

[3232] En complément, Angrist et Krueger (2001) offrent une présentation non technique de leurs avancées ainsi qu'une discussion du contexte historique de l'utilisation des variables instrumentales et Angrist, Graddy, et Imbens (2000) analysent les conséquences de leur apport pour l'estimation du modèle non paramétrique d'offre et de la demande.

On pose que le support de Z_i est $\mathfrak{F}$. Pour établir l'hypothèse SUITVA en présence de la variable instrumentale nous avons besoin de définir une nouvelle batterie de résultats potentiels : pour chaque z de $\mathfrak{F}$, $D_i(z)$ est une variable aléatoire indiquant le statut de l'unité i par rapport au bénéfice de la politique si la variable Z_i prend la valeur z. Pour chaque unité i, il existe donc un grand nombre d'états de participation « potentiel » à la politique évaluée : autant qu'il y a de valeurs différentes de z dans $\mathfrak{F}$. Si par exemple Z_i peut prendre deux valeurs z *et* w (dans l'exemple des travaux sur la conscription ou la proximité d'un centre de formation ou d'information, on peut définir deux niveaux pour Z_i: $z = \text{bas et } w = \text{haut}$" décrivant la position sur la liste des appelés, $z =$ près et w=$loin$" décrivant la distance entre le domicile et le centre de formation), $D_i(.)$ peut prendre deux valeurs pour chaque unité i, et une seule est réalisée : $D_i(z)$ si l'instrument est au niveau z et $D_i(w)$ si l'instrument est au niveau w.

Les variations de résultat potentiel que nous devons imaginer pour chaque unité doivent maintenant prendre en compte le changement potentiel de variable Z_i et le changement potentiel de la variable Z_i et le changement potentiel de la variable D_i. on écrira alors le résultat potentiel de la manière suivante : $Y_i(z, d)$ est une variable aléatoire donnant le niveau du résultat potentiel de l'unité i si la variable instrumentale est au niveau z et le bénéfice de la politique au niveau d. Si le support de Z_i est limité à deux valeurs, nous avons maintenant défini quatre valeurs pour le résultat potentiel. Si l'on cherche à isoler l'effet de la variable instrumentale sur le résultat potentiel, il faut utiliser

$Y_i(z, D_i(z))$, qui donne le résultat potentiel de l'individu i si l'instrument est fixé au niveau z.

III.1.2 Du modèle de Rubin au modèle de Roy : un résultat d'équivalence.

Le modèle à résultat potentiel peut être écrit dans le langage des modèles à équations simultanées. Ce modèle équivalent est appelé modèle de Roy (Heckman et Vytlacil (2005), ou de Roy-Quandt-Heckman.

Cette écriture permet de comprendre les implications des paramètres définis pour la décision ainsi que de formuler simplement sous forme comportementale les hypothèses exprimées sous forme de restrictions sur les résultats potentiels.

Grâce à cette écriture et à la notion de modification de Hurwicz, on peut interpréter le LATE, comme évaluant l'effet d'une intervention. Si nous pouvons montrer que le modèle de Roy-Quandt-Heckman est formellement équivalent au modèle de Rubin (c'est-à-dire s'il génère les mêmes données observées et permet les mêmes opérations contrefactuelles), nous pourrons choisir parmi ces deux modèles celui qui permet la meilleure description de l'évaluation comme une décision.

Le modèle à équations simultanées appelé modèle de Roy, ou de Roy-Quandt-Heckman, ou modèle de sélection, est issu des travaux de Roy (1951) sur le choix du secteur d'activité par les individus sur la base de la comparaison des salaires qu'ils touchent dans les deux secteurs.

La conséquence immédiate de ce modèle est que les salaires moyens dans les différents secteurs ne reflètent pas l'effet causal du secteur sur le salaire, mais plutôt la sélection des individus dans le secteur quoi rémunère mieux leurs compétences observées.

Le modèle de Roy permet donc de conceptualiser l'allocation du traitement et l'origine du problème de sélection et d'inférence causal à partir d'une description du comportement des individus (Heckman et Honore 1990).

Les travaux de Quandt (1958) ont permis de formaliser la notion de résultat potentiel sous la forme d'un modèle à équations simultanées à deux régimes : le résultat observé de l'individu dépend de la réalisation d'une variable dichotomique sélectionnant le régime réalisé.

Enfin, Heckman (1979) a formulé, grâce à son modèle de sélection, le pendant microéconomique du modèle de Quandt qui était appliqué aux séries temporelles.

La version la plus générale de ce modèle prend la forme d'un système d'équations simultanées. Chaque équation décrit un phénomène et permet d'observer la réalisation d'une variable particulière.

Le modèle de Roy-Quandt-Heckman décrit la formation des variables observées suivantes[33] :

- Y_i, le résultat de l'individu i (par exemple son revenu, à valeurs dans $\mathcal{R}^+$),
- D_i, son état de participation à la politique, prenant la valeur 1 si l'individu bénéficie de la politique évaluée et la valeur 0 sinon,

[33] [33] Sylvain Chabe-Ferret : L'évaluation de l'impact des politiques publiques : caractérisation des enjeux et exemples des politiques agricoles et forestières. Thèse Nouveau régime présentée et soutenue publiquement le 25 Juin 2008. P 81

- X_i, un vecteur de variables réelles déterminant le résultat de individus (donc, dans le cas du salaire, leur niveau d'éducation, leur expérience...),
- Z_i, un vecteur de variables déterminant uniquement la participation des individus à la politique évaluée (si c'est un programme de formation, ce sera la distance du domicile au lieu de formation, par exemple).

les données observées peuvent donc être décrites par la fonction de distr*ibution suivante* : F_Y, D, X, Z.

Dans le modèle de Roy-Quandt-Heckman, des variables endogènes et exogènes inobservées entrent en jeu:

- Y_i^1, une variable latente décrivant le résultat (niveau de revenu) d'un individu lorsqu'il a bénéficié du programme,
- Y_i^0, une variable latente décrivant le niveau de revenu d'un individu lorsqu'il n'a pas bénéficié du programme,
- D_i^*, une variable latente décrivant l'utilité nette que retire l'individu de sa participation au programme par rapport à sa non-participation,
- U_i^1, une variable inobservée déterminant le revenu de l'individu lorsqu'il a participé au programme,
- U_i^D, une variable inobservée déterminant l'utilité que l'individu retire de sa participation au programme (ses capacités cognitives, par exemple, peuvent le conduire à préférer participer pour tirer un bénéfice du programme),

- $\mathcal{E}_i$, un vecteur de variables inobservées déterminant le niveau des variables X_i,
- η_i, un vecteur de variables inobservées déterminant le niveau des variables observées Z_i.

le modèle de Roy −Quandt-Heckman relie ces variables par l'intermédiaire de relations dont la valeur est connue, et de fonction dont la valeur est inconnue. Ces fonctions sont les suivantes :

- g^1, une fonction à valeurs dans $\mathcal{G}$, le support de Y_i, décrivant le niveau de résultat (par exemple le revenu) d'un individu lorsqu'il a bénéficié du programme,
- g^0, une fonction à valeurs dans $\mathcal{G}$ décrivant le niveau de résultat (par exemple de revenu) d'un individu lorsqu'il n'a pas bénéficié du programme,
- g^D, une fonction à valeurs dans $\mathbb{R}$ déterminant l'utilité que l'individu retire de sa participation au programme,
- $F_{U^1,U^D,\mathcal{E},\eta}$, la fonction de distribution des variables générées en dehors du modèle.

la seule restriction imposée sur les fonctions g^1, g^0, g^D est qu'elles soient continues et dérivables.

La restriction imposée par le modèle de Roy généralisé à la fonction $F_{U^1,U^0,U^D,\varepsilon,\eta}$ est l'indépendance des variables ε *et* η :

$$F_{U^1,U^0,U^D,\varepsilon,\eta} = F_{U^1,U^0,U^D,F_\varepsilon,F_\eta,}$$

Avec F_{U^1,U^0,U^D}, F_ε, et F_η des fonctions de distributions cumulatives

III.1.3 Les apports et les limites de l'approche de Rubin

L'approche utilisant les résultats potentiels a permis d'énormes avancées dans l'étude de la causalité. Elle a permis de remettre la recherche de la causalité au centre des préoccupations des chercheurs et évaluateurs.

Elle n'y est pas parvenue seule, puisque les avancées de la communauté des économètres avaient déjà commencé. C'est néanmoins en se confrontant aux pratiques de la causalité par les résultats potentiels que les économètres ont pu développer plus avant leur réflexion.

L'apport fondamental de ce courant de recherche est l'intérêt manifesté pour l'absence d'hypothèses paramétriques, permettant de mettre en évidence l'hétérogénéité des gains au traitement (bien que cette étude ait été entamée par Bjorklund et Moffit (1987) dans un contexte paramétrique).c[34]

Enfin, la compréhension des estimateurs des variables instrumentales sous l'hypothèse de monotonicité s'est avérée fondamentale pour faire émerger la notion de variable instrumentale locale (Heckman et Vytlacil 1999). En effet, l'hypothèse de monotonie n'apporte rien en permettant d'interpréter l'effet local moyen du traitement comme une moyenne d'effets causals individuels, elle permet d'identifier et d'estimer de nombreux autres paramètres pertinents politiquement (l'effet moyen du traitement, l'effet moyen du traitement sur les traités et les non traités).

---

[34] Sylvain Chabe-Ferret : L'évaluation de l'impact des politiques publiques : caractérisation des enjeux et exemples des politiques agricoles et forestières. Thèse Nouveau régime présentée et soutenue publiquement le 25 Juin 2008.p. 94

III.1.4 Les limites de l'approche de Rubin

Voici résumé les limites de l'approche de Rubin :

- le modèle a résultats potentiels est rapidement dépassé par le nombre de résultats potentiels à envisager lorsque le nombre de variables à prendre en compte augmente.
- le modèle causal de Rubin ne prend que très difficilement en compte les variables inobservées, et ne permet pas de les décrire.
- le modèle causal de Rubin ne permet pas de décrire les données observées comme une combinaison de phénomènes autonomes. Il ne permet donc pas d'étudier les conséquences de modifications de ce système dues à des interventions de politique. Il ne permet pas non plus de définir les paramètres de traitement pertinents pour la décision à prendre. La définition des paramètres est faite sur la base des processus d'identification et non de la décision à prendre.

  L'objectif est d'obtenir un paramètre interprétable comme une moyenne d'effets causals individuels, quel que soit l'usage que l'on puisse en faire.
- les restrictions impliquées par les hypothèses du modèle causal de Rubin ne sont pas traduites en termes comportementaux. Par exemple, il est difficile de justifier l'hypothèse d'ignorabilité sans une idée a priori du phénomène économique qui conduit à la sélection des unités traitées. De même, les implications de l'hypothèse de monotonie ne sont pas naisées à comprendre en dehors de quelques exemples simples

III.2. Le problème fondamental de l'inférence causale

Dans son fonctionnement théorique, la science économique a peu de problèmes avec la notion de causalité.

« An Inquiry into the nature and causes of Wealth of Nations[35] »

Le théoricien construit des modèles censés représenter un phénomène économique qu'il souhaite étudier et c'est en étudiant ces modèles abstraits de la réalité qu'il peut faire apparaître des liens de causalité.

Le problème que l'économiste rencontre avec la causalité survient lorsque l'on veut confronter ces affirmations causales aux données observées soit pour infirmer une affirmation, soit surtout pour en mesurer l'intensité.

- quelles sont les formes fonctionnelles ?
- quand la relation causale est soutenue par les données quelle est son intensité ?
- David Hume (1711-1776) est sans aucun doute le premier à parler de la causalité dans un sens moderne. Il définit la causalité non pas en termes d'affirmation analytique, mais plutôt en termes d'expérience au sens de l'habitude.
- Mill (1895) développe un ensemble de méthodologies où les causes sont déduites à partir d'expériences contrôlées. Il s'oppose à la vision de Hume en soutenant que la causalité doit être déduite des expériences.

[35] Smith (1817)

- 20e siècle, naissance de l'économétrie qui relie modèle économique, causalité et hypothèses d'identification (Cowles Commission, 1932).
- la causalité au sens de Granger (1969) : la causalité n'est plus liée à la théorie économique mais est entièrement déterminée par les données (les séries temporelles).
- Rubin propose un modèle causal où pour un même agent il existe plusieurs résultats hypothétiques, les résultats potentiels qui sont fonction de l'exposition de l'agent au traitement. Le modèle causal contrefactuel prend ses racines dans les travaux de Splawa-Neyman (1923) et Fisher (1935) dans le cadre d'expériences aléatoires, étendu par Rubin (1973) en proposant un cadre un cadre plus général applicable aux sciences sociales.[36]

Favoriser les études de caractère quantitatif qui tendent à rapprocher le point de vue théorique du point de vue empirique dans l'exploration des problèmes économiques.[37]

Pour une personne, on peut alors définir l'effet propre (ou causal) de la mesure Δ_i, à partir de ces deux revenus potentiels : $\Delta_i = Y_{i1} - Y_{i0}$

Le problème est que l'on n'observe pas simultanément Y_{i0} et Y_{i1}: pour un bénéficiaire de la mesure, on observe Y_{i1} mais pas Y_{i0} ; pour un non-bénéficiaire on observe Y_{i0} mais pas Y_{i1}. Par exemple, il est possible de savoir si un chômeur a finalement obtenu un emploi après un stage de formation. Il sera difficile de déterminer si cette reprise d'emploi est due

[36] Modèle causal contrefactuel dans l'évaluation des politiques publiques. Pierre-Henri Bono. Sciences Po/ CEVIPOF. METSEM 27 septembre 2018. P. 3
[37] Ragnar Frisch, discours inaugural de la société d'économétrie. 1931

au stage lui-même : pour cela, il faudrait connaître les chances de retour à l'emploi de ce chômeur, s'il n'avait pas suivi stage.

Tout l'esprit des méthodes d'évaluation sera justement d'estimer cette situation contre-factuelle, i.e. ce qui aurait été observé si la mesure n'avait pas été mise en place. Pour cela, il suffit de trouver des prouver des personnes totalement comparables à celles qui ont bénéficié de la mesure, mais qui n'ont pas été affectées par elle. En pratique, il s'agit de trouver des personnes les plus comparables possible. On parle de groupe de contrôle.

III. 3. Méthodes empiriques d'évaluation

Tout l'enjeu des méthodes empiriques d'évaluation réside donc dans la possibilité de trouver des données et des situations permettant de neutraliser l'effet de sélection. La manière la plus directe consiste à se placer dans le cadre d'expériences aléatoire contrôlées. Dans ce cadre, l'expérimentation consiste à déterminer aléatoirement les personnes qui bénéficieront du traitement, par exemple un accompagnement renforcé pour l'aide à la recherche d'emploi pour des chômeurs, et celles qui n'en bénéficieront pas (le groupe de contrôle). Le choix d'être traité ou non est indépendant des revenus et :

$$\Delta\,(X) = E(Y|T = 1, X) - E(Y|T = 0, X)$$

$$= E(Y^1|T = 1, X) - E(Y^0|T = 0, X)$$

$$= E(Y^1|T = 1, X) - E(Y^0|T = 1, X)$$

Correspond bien à l'effet du traitement sur les traités. Les expériences aléatoires constituent le paradigme des méthodes économétriques d'évaluation. Elles sont présentées en détail dans Duflo et alii (2008)[38]. Cependant, même si leur utilisation commence à se développer en €, elles restent encore rares.

De ce fait, elles nécessitent une intervention très en amont de la mise en place de la politique qu'il s'agit d'évaluer. Souvent, le statisticien est plutôt conduit à estimer ex post des politiques déjà développées pour ce faire, nous présentons dans cet ouvrage, des méthodes qui tente d'utiliser des variations exogènes de l'environnement économique, par exemple des réformes de législation créant une situation presque expérimentale.

Définition des paramètres d'intérêt : les effets moyens du traitement

L'estimateur le plus naturel est l'effet moyen de la mesure sur ceux qui ont effectivement bénéficié, soit l'effet du traitement sur les traités (Average Treatment effect on the Treated ou ATT dans la suite). Formellement, il s'écrit :

$$\Delta^{ATT} = E(Y_{i1} - Y_{i0}|T_i = 1) \qquad (1)$$

Au-delà de l'effet de la mesure seuls les bénéficiaires, on peut se demander ce que serait l'effet de cette mesure si elle était étendue à l'ensemble de la population. Il s'agit alors d'estimer l'effet moyen du traitement sur l'ensemble de la population (Averaged Treatment effect), soit formellement :

[38] Méthodes économétriques pour l'évaluation de politiques publiques. Pauline GIVORD. La documentation française/ « économie et prévision » CAIRN. INFO. P. 7. 2014

$$\Delta^{ATE} = E(Y_{i1} - Y_{i0}) \quad (2)$$

Ces effets sont susceptibles de dépendre des caractéristiques de personnes : jeunes chômeurs peuvent par exemple plus bénéficier d'un programme de formation que des chômeurs plus âgés (ou inversement), les élèves issus de milieu défavorisé être plus sensibles à la taille des classes.

Pour ces raisons, il peut être pertinent d'estimer des effets moyens à caractéristiques observables données (par exemple : l'âge, le genre, la nationalité…). En pratique, cela revient à estimer des effets moyens conditionnels à caractéristiques observables. Nos deux paramètres s'écriront donc plutôt :

$$\Delta^{ATT}(x) = E(Y_{i1} - Y_{i0} | T_i = 1, X_i = x) \quad (3)$$

$$\text{Et } \Delta^{ATT}(x) = E(Y_{i1} - Y_{i0} | X_i = x) \quad (4)$$

III.3.1 Définition de l'effet de traitement

En évaluation économétrique, l'effet de traitement fait référence aux effets induits et attribuables à la politique. Plusieurs méthodes ont été développées pour estimer cet effet, dont la plus utilisée, le modèle canonique de l'évaluation par les effets de traitement (Rubin, 1974). Elle s'appuie sur les méthodes statistiques et économétriques pour définir l'effet causal de la politique à évaluer en contrôlant les potentiels biais qui peuvent altérer la qualité de l'estimation et par conséquent interroger les implications socioéconomiques des politiques publiques.

Dans le cadre du modèle causal de Rubin (Rubin, 1974) noté MCR, chaque individu est caractérisé par deux résultats potentiels, Y_1 et Y_0 , respectivement les résultats avec traitement et sans traitement.

Soit Y_{ik}, le résultat observé d'un individu i selon son statut avec $k = 1$, si l'individu est bénéficiaire et $k = 0$, s'il est non bénéficiaire. On suppose que le résultat observé Y_{ik} est une fonction linéaire des caractéristiques observables et inobservables.

$$Y_{ik} = x'\beta_k + \varepsilon_i \,;\, k = \{0, 1\} \qquad (1)$$

Avec x un vecteur (1xP) des variables explicatives, ε_i représente les caractéristiques inobservables suivant une loi normale et β_k, le paramètre associé aux variables explicatives x à estimer.

L'effet de la politique sur un individu i est ainsi défini comme étant la différence entre son résultat observé sous traitement et son résultat observé sans le traitement.

$$\alpha_i = Y_{1i} - Y_{0i} \Leftrightarrow Y_{1i} = Y_{0i} + \alpha_i \qquad (2)$$

Cependant, l'effet causal α_i tel défini est concrètement inobservable et il ne peut être déterminé à partir de ces deux résultats potentiels, car ils ne peuvent pas être simultanément observés pour chaque individu i. Pour un individu traité on observe uniquement son résultat potentiel Y_{1i} et son résultat potentiel Y_{0i} est inobservable. La variable Y_{0i} est appelée contrefactuel et correspond au résultat qui aurait été observé si l'individu n'avait pas été traité. Pour un individu non traité on observe uniquement son résultat potentiel Y_{0i} et son contrefactuel Y_{1i} est inobservable.

Ainsi, le résultat observé pour un individu i (Y_i) est donné par la relation entre les résultats potentiels et la variable de traitement D, qui est égale à 1 si l'individu est traité et zéro s'il n'est pas traité.

$$Y_i = DY_{1i} + (1 - D)Y_{0i} \qquad (3)$$

Par conséquent, pour identifier l'effet de la politique, il convient donc de définir des méthodes pour disposer de ces informations nécessaires à l'identification de l'effet du traitement. Par ailleurs, compte tenu du nombre de bénéficiaires, il est pertinent de s'intéresser à l'effet de la politique sur un ensemble d'individu que de déterminer l'effet du traitement sur un individu. C'est pourquoi dans la littérature, on s'intéresse généralement à trois types d'effet causal appelés paramètres d'intérêt à l'échelle de la population.

Pour que cette stratégie soit valide, il faut que la sélection soit valide, il faut que la sélection des agents à la politique publique soit faite de manière à ce qu'il n'existe pas de biais de sélection entre les deux groupes.

Les valeurs observées sont :

$$E[Y|D = 1] = E[Y^1|D = 1] \; et \; E[Y|D = 0] = E[Y^0|D = 0]$$

Qui sont des espérances différentes de $E[Y^1]$et $E[Y^0]$

Pour que ces espérances soient égales nous devons faire l'hypothèse que l'attribution du traitement est indispensable de Y^1 et Y^0

$$(Y^1, Y^0) \perp D. \qquad (1)$$

Sous l'équation (1) l'effet moyen du traitement est :

$$\pi = E[Y^1|D = 1] - E[Y^0|D = 0] = E[Y|D = 1] - E[Y|D = 0], \quad (1)$$

Quantité qui peut être estimée par les moyennes des deux groupes. L'idéal serait que l'affectation au traitement se fasse de manière aléatoire au sein de la population.

Dès lors que la propriété d'indépendance précédente n'est plus satisfaite. L'estimateur naturel formé par la différence des moyennes est affecté d'un biais de sélection. Ce biais trouve son origine dans le fait que la situation moyenne des individus qui ont reçu le traitement n'aurait pas été la même en l'absence de traitement que celle des individus n'ayant pas reçu le traitement.

$$E[Y|D = 1] - E[Y^1|D = 0]$$
$$= E[Y^1 - Y^0|D = 1] + E[Y^0|D = 1] - E[Y^1|D = 0] \quad (2)$$

Impact moyen sur les traités Biais

Le biais de sélection $E[Y^0|D = 1] - E[Y^1|D = 0]$ est la différence entre l'espérance des traités s'ils ne l'avaient pas été avec l'espérance des non traités s'ils ne l'avaient pas été.

Plusieurs solutions ont été développées pour contenir le biais de sélection. Elles font plus ou moins appel à une ingénierie statistique complexe.[39]

[39] Modèle causal contrefactuel dans l'évaluation des politiques publiques. Pierre-Henri Bono. Sciences Po/ CEVIPOF. METSEM 27 septembre 2018. P. 20

III.3.2 La méthode de la variable instrumentale

Les variables instrumentales permettent de contrôler les biais des variables non observables ou omises (biais de sélection). Elles sont très utiles pour évaluer les traitements médicaux en vie réelle. La méthode recherche une source de variation qui joue le rôle d'un tirage au sort dans une étude expérimentale, où les patients à priori suffisamment comparables sont affectés à des traitements différents[40].

Un schéma d'étude doit justifier le choix de la variable instrumentale et décrire le support sur lequel on identifie un effet causal dans le choix du traitement.

III.3.2.1 L'analyse par la méthode des variables instrumentales

L'approche de la variable instrumentale se déroule en deux étapes :

1. la recherche de la variable instrumentale.

Un instrument « valide » est une variable qui :

Condition 1 : est fortement liée au fait de recevoir du traitement ;

Condition 2 : n'a pas d'effet sur le critère de jugement excepté à travers le traitement (condition d'exclusion)[41] ;

Condition 3 : qui n'est pas liée aux caractéristiques du patient.

---

[40] Evaluation quasi-expérimentale des interventions médicales : méthode des variables instrumentales. Salah GHABRI, Robert Launois, haute autorité de santé, 2 avenue du stade de France, 932218 Saint-Denis la plaine Saint-Denis. 2014. P.5

[41] *Pour obtenir ce résultat, l'instrument doit affecter le traitement de façon uniforme (propriété de monotonicité : il ne faut pas qu'une variation de l'instrument permettent d'induire un accès au traitement pour certains et son contraire pour d'autres.*

2) calcul et modélisation économétrique de la variable instrumentale.

Dans le cas d'une seule variable instrumentale dichotomique, l'effet du traitement est donné par la formule de Wald :

$$\text{Effet VI} \quad = \frac{E[Y|Z = 1] - E[Y|Z=0]}{Pr[T|Z = 1\,] - Pr[T|Z=0]} \quad (1)$$

Ou Y est le critère de jugement, T est le traitement, Z est la variable instrumentale, $E[Y|Z = i]$ est l'effet du traitement conditionnellement à la valeur 1 ou 0 de la variable instrumentale. $\Pr[\mathrm{T}|\mathrm{Z} = i]$ Est la probabilité de recevoir le traitement T conditionnellement à la valeur i de la variable instrumentale $Z(i = 0 \; ou \; 1)$.

Si l'instrument est parfait, nous sommes dans le cas d'un schéma expérimental randomisé, l'effet du traitement est équivalent à celui de l'intention de traiter.

Dans ce cas (i) : 100% des patients où $\mathrm{Z} = 1$ sont traités par $\mathrm{T} = 1$ et aucun de ceux avec $\mathrm{Z} = 0$. D'où (ii) : $Pr\{T|Z = 1\} - Pr\{T|Z = 0\} = 1$, ce qui conduit à (iii)

$$B_{VI} = E[Y|Z = 1] - E[Y|Z = 0] = \; B_{ITT} \quad (2)$$

Les variables instrumentales permettent de contrôler les biais des variables non observables ou omises (biais de sélection.). Elles sont très utiles pour évaluer les traitements médicaux en vie réelle. La méthode recherche une source de variation qui joue le rôle d'un tirage au sort dans une étude expérimentale, où les patients à priori suffisamment comparables sont affectés à des traitements différents. Un schéma d'étude doit justifier le choix de la variable instrumentale et d'écrire le support sur lequel on identifie un effet causal dans le choix du traitement.

III.3.2.2 L'estimateur dépend de l'instrument

Des estimateurs utilisant des instruments sont susceptibles de donner des résultats différents. Pour donner un sens aux résultats obtenus, il faut encore une fois tenter de caractériser la sous-population sur laquelle l'effet est identifié. La théorie économique peut permettre d'apporter des pistes d'interprétation. Par exemple, Rosenzweig et wolpin (2000) proposent un modèle de choix d'éducation qui permet d'interpréter les résultats obtenus dans la littérature sur les rendements de l'éducation[42].

Instruments faibles

Ceci nous ramène aux discussions classiques sur la qualité des instruments. En général, la discussion porte sur la validité de l'instrument, il s'agit de justifier que l'instrument n'est pas corrélé avec les déterminants inobservés du revenu. Cette propriété est essentielle : elle assure que l'estimateur obtenu par des variables instrumentales sera symptomatiquement sans biais.

Il n'existe, cependant, aucun test statistique permettant de valider rigoureusement cette propriété.

Il faut rappeler que les tests dits de Sargan, J-test, ou de suridentification qui sont utilisés lorsque l'on dispose de plus d'instrument que de variables endogènes ne testent que la cohérence globale des instruments.

---

[42]Pauline GIVORD Méthodes économétriques pour l'évaluation de politiques publiques. Direction des études et synthèses économiques. G 2010/08. P.34

Cependant, le premier critère (corrélation de l'instrument avec la variable endogène) en doit pas être négligé, comme l'on montré des études récentes.

De fait, la recherche d'instrument dont l'exogénéité ne puisse être mise en cause les rend parfois faiblement corrélés avec le traitement.

On parle dans ce cas d'instruments faibles. Dans ce cas, les propriétés des estimateurs obtenus ne sont pas satisfaisantes : les estimations risquent d'être très imprécisent, voire plus biaisées que les estimateurs par MCO *naïfs*. Par ailleurs, les tests classiques (intervalle de confiance, significativité) sont erronés.

Il faut rappeler en effet, que les propriétés classiques des estimateurs des doubles moindres carrés ne sont qu'asymptotiques. L'estimateur des doubles moindres carrés est biaisé à distance finie : plus précisément, il tend vers l'estimateur des moindres carrés ordinaires. En outre sa distribution peut s'éloigner très nettement de la distribution normale sur laquelle la plupart des tests statistiques sont fondés.

1er Cas : L'instrument n'est pas parfaitement valide

Par définition, un bon instrument n'est pas corrélé avec les déterminants inobservés de revenu. En pratique, il existe toujours un risque qu'une corrélation subsiste (rappelons qu'il n'est pas possible de tester la validité de ces hypothèses[43].

[43] Les tests de suridentification supposent qu'ils existent de nombreux instruments. Tester la validité d'un instrument particulier suppose que les autres le sont, ce qui n'est que reporter le problème. En fait, ce test permet plutôt de vérifier la cohérence interne des différents instruments.

L'économètre non averti peut être tenté de négliger ce risque, dans la mesure où l'instrument sera a priori moins corrélé que la variable endogène, et où il peut donc espérer que le biais sera plus faible. En réalité, comme indiqué ci-dessous dans les paragraphes suivants, l'estimation par VI peut être au contraire bien plus biaisée que celui des moindres carrés ordinaires[44].

Pour s'en convaincre, prenons un exemple sur le cas d'un instrument unique. Dans ce cas, on a :

$$plim\hat{\delta}_{ols} = \delta + \frac{cov(T,u)}{var(T)} \qquad (1)$$

$$plim\hat{\delta}_{IV} = \delta + \frac{cov(Z,u)}{cov(Z,T)} \qquad (2)$$

Le biais relatif de l'estimateur à VI par rapport à l'estimateur des MCO s'écrit :

$$\frac{\mathrm{plim}\hat{\delta}_{IV} - \delta}{\mathrm{plim}\hat{\delta}_{OLS} - \delta} = \frac{\mathrm{cov(Z,u)}}{\mathrm{cov(Z,u)}} \frac{\mathrm{var(T)}}{\mathrm{cov(Z,T)}} \quad (3)$$

Cette expression fait apparaître deux termes :

Le dénominateur, $\frac{\mathrm{cov(Z,ui)}}{\mathrm{cov(T,u)}}$ $, peut\ s'intertpréter\ comme\ la *$ $réduction * d'endogénéitéapportée\ par\ l'instrument$: $le\ moins\ que\ l'onpuisse\ attendre\ de\ Z\ est\ que\ ce\ terme\ soit\ inférieur$ à 1

Le numérateur : $\frac{\mathrm{cov(Z,T)}}{\mathrm{var(T)}}$ $est\ la\ part\ de\ variance\ de\ la\ variable\ endogène\ T *$

[44] Pauline GIVORD Méthodes économétriques pour l'évaluation de politiques publiques. Direction des études et synthèses économiques. G 2010/08 P. 37

expliquée par l'instrument. Si ce terme est très petit (ce qui est par définition le cas lorsque l'instrument est faible), il y a un risque que l'estimateur à variable instrumentale soit plus biaisé que l'estimateur des moindres carrés .

Ce rapport est estimé par la valeur du R^2 (ou, ce qui est identique, par la statistique de Fischer du test de nullité jointe de tous les paramètres) dans l'estimation dite *de première étape* de la variable endogène sur l'instrument.

2ème Cas : L'instrument est parfaitement valide

Ce cas apparaît théoriquement plus favorable : l'estimateur des variables instrumentales est asymptotiquement sans biais. Cependant, même sur des échantillons très grands, l'estimateur obtenu par un instrument faible continue de souffrir du biais de distance finie.

On peut montrer que le biais relatif de l'estimateur des doubles moindres carrés par rapport à celui de l'estimateur des moindres carrés ordinaire est inversement proportionnel à $\frac{\mu^2}{K}$, où μ est un paramètre de concentration défini plus haut et K le nombre d'instruments.

De plus, même lorsque les termes d'erreur μ *et* v sont tous deux normaux, l'estimateur des doubles moindres carrés n'aura une distribution * approximativement* normale que pour des valeurs élevées de ce paramètre de concentration (voir Stock, Wright, et Yogo (2002)). Cela signifie en particulier que les tests classiques (de significativité en particulier) ne sont pas utilisables dans ce cas, puisque la distribution de l'estimateur des moindres carrés n'est pas connue[45].

En effet, on a :

$$\hat{\delta}_{IV} = \frac{T'P_zY}{T'P_zT} = \delta + \frac{T'P_zu}{(T'P_zT)} \qquad (4)$$

Un peu de manipulation permet à Stock, Wright, et Yogo (2002) d'exprimer cette expression en fonction de variables ayant des distributions connues.

$$\{T'P_zu = v'P_zu + \Pi'Z'u\} \qquad (5)$$

$$\{T'P_zT = \Pi'Z'Z\Pi + 2\Pi'Z'v + v'P_zv\} \quad (6)$$

On défini $Z_u = \frac{\Pi'Z'u}{\sigma_u}\sqrt{\Pi'Z'Z\Pi}$ et $Z_v = \Pi'Z'v/\sigma_v\sqrt{\Pi'Z'Z\Pi}$, qui suivent toutes deux une loi normale centrée réduite du fait de la normalité de $u \, et \, v$. De même, on définit $S_{uv} = (v'P_Zu)/(\sigma_u\sigma_{v)}$ et $S_{vv} = (v'P_Zv)/\sigma_v^2$ qui sont des formes quadratiques de loi normale. Leurs distributions son en particulier indépendante de la taille T de l'échantillon. Il faut rappeler enfin que $\Pi'Z'Z\Pi$ est proportionnelle au carré de la concentration μ^2 défini en ....

Avec ces définitions, on peut transformer de la façon suivante :

$$\mu(\hat{\delta}_{IV} - \delta) = \frac{\sigma_u}{\sigma_v 1} \frac{\frac{Z_u + S_{uv}}{\mu}}{\sigma_v 1 + \frac{2Z_v}{\mu} + \frac{S_{vv}}{\mu^2}} \qquad (7)$$

[45] Pauline GIVORD Méthodes économétriques pour l'évaluation de politiques publiques. Direction des études et synthèses économiques. G 2010/08 P. 39

Cette formulation montre que la distribution de $\hat{\delta}_{IV}$ ne dépend de la taille qu'à travers le paramètre de concentration $\mu. si\ \mu\ est\ élevé, le\ terme\ dominant\ sera\ Z_u$ qui suit une distribution de concentration normale. Une bonne approximation de la distribution de $\hat{\delta}_{IV}$ pourra être une loi normale $N(0,\frac{\sigma_u^2}{\sigma_v^2})$. En revanche, si $\mu\ est\ faible, la\ distribution\ pourra\ être\ très\ différente\ d'uneloi\ normale.$

Le fait que l'estimateur ne soit biaisé qu'à *distance finie* peut conduire à négliger ce risque, dès lors qu'on dispose d'échantillons disponibles ne permet pas de régler le problème. Bound, Jeager, et Baker (1995) montrent ainsi que les résultats d'Angrist et Krueger (1991) sont probablement biaisés du fait de l'utilisation d'instruments faibles. Alors qu'ils utilisent des données issues de recensement, avec un échantillon de plus de 300.000 individus.

III.3.2.3 Etudes observationnelles et biais

Pour des raisons éthiques ou opérationnelles relatives o la mise en place d'un plan d'expériences randomisé, il n'est pas toujours facile de réaliser des essaies randomisés lorsqu'on cherche à conduire une étude de médicament ou d'interventions médicales en vie réelle.

Des études observationnelles sont souvent mises en place. En l'absence d'affectation aléatoire, une association peut exister non seulement entre les facteurs de confusion (observables/non observables) et le choix du traitement, mais aussi entre les facteurs de confusion et le critère de jugement.

Dans les études observationnelles, les caractéristiques initiales de l'état de santé du patient sont une source potentielle de biais, (exemple, l'intensité de la douleur) puisqu'elles sont à la fois liées au choix du traitement et à son critère de jugement. En pratique, nous observons deux cas fréquents dans les études observationnelles, que nous allons expliciter. Lorsqu'il s'agit d'études prospectives de terrain, les variables d'intérêt sont colligées. En revanche, dans

Les banques de données (ou les registres) un grand nombre de variables ne sont pas documentées.

La participation à la politique publique ne dépend pas des résultats potentiels conditionnellement aux caractéristiques observables :

$$(Y_i^1, Y_i^0 \perp D_i | X_i \qquad (1)$$

Support sur les observables :

$$0 < \Pr(D_i = 1 | X_i = x) < 1 \text{ Pour tout x} \quad (2)$$

Cette condition implique que le support de la distribution conditionnelle de X_i, sachant $D_i = 0$ recouvre complètement la distribution de X_i sachant $D_i = 1$.

Pour une valeur de x du support des variables explicatives, l'effet

$$\tau_i = E[Y_i^1 - Y_i^0 | X_i = x] \text{ est identifié.}$$

$$\tau(x) = E\left[Y_i^1 \middle| X_i = x\right] - E\left[Y_i^0 \middle| X_i = x\right]$$

$$= E\left[Y_i^1 \middle| D_i = 1, X_i = x\right] - E[Y_i^0 | D_i = 0, X_i = x]$$

$$= E[Y_i | D_i = 1, X_i = x] - E[Y_i | D_i = 0, X_i = x]$$

Etant donné que nous sommes capables d'identifier $\tau(x)$ pour tout x :

$$\tau = E[\tau(X_i)]$$

Intuitivement l'identification se fait de la manière suivante :

- on stratifie les données en cellule définie par les observables X,
- on estime le traitement pour chaque cellule en calculant la différence entre groupe de traitement et groupe de contrôle.
- on prend la moyenne de ces estimations pour obtenir l'effet du traitement.[46]

Tableau I : exemple de catégories, dimension et type d'instruments

Catégorie	Dimension	Type de variables	Exemple d'étude
Accessibilité du service de soins	Géographie	Distance par rapport au domicile du patient	Etude : effet du cathétérisme cardiaque sur la mortalité.
Variation des pratiques ou interventions	Régionale : offreurs de soins Etablissement médecins	Fréquence régionale de l'utilisation d'un traitement (ou intervention)	Etude : efficacité d'un traitement aussi androgénique versus traitement conservateur en cas de cancer

[46] Modèle causal contrefactuel dans l'évaluation des politiques publiques. Pierre-Henri Bono. Sciences Po/CEVIPOF. METSEM-27 septembre 2018. P 19

			localisé de la prostate chez des hommes âgés d'au moins 66 ans Traitement : traitement anti-androgénique vs. Traitement conservateur Variable instrumentale : Fréquence des traitements anti-androgénique par région
Préférences de l'offreur de soins	Médecin	Préférences du médecin (dernière prescription du médecin d'un traitement)	Etude : effets des AINS anti-COX2 sélectifs sur les complications gastro-intestinales Traitement : AINS anti-COX2 sélectifs

			vs. AINS non sélectifs. Variable instrumentale : prescription d'AINS du dernier patient reçu par le médecin
Temps de prescription (ou d'admission pour une intervention)	Temporelle : jour, mois, année.	1 Jour de la semaine d'admission à l'hôpital 2 Date relative à une réglementaire sur la prescription d'un traitement médical	Etude : efficacité de l'oxaliplatin vs.5-FU variable instrumentale : période avant et après la date de l'approbation par la FDA approbation d'oxaliplatin
Caractéristiques des patients	Individuelle patients caractéristiques du patient (dépenses de santé)	Coût de traitement à la charge du patient	Etude : Effet de l'adhérence au traitement sur l'hospitalisation des patients souffrant

			d'insuffisance cardiaque chronique Traitement : inhibiteurs de l'enzyme de conversion de l'angiotensine vs. Des bétabloquants Variable instrumentale : Coût de traitement à la charge du patient (oui/non)

III.3.2.4 Les limites de l'analyse par la variable instrumentale (VI)

Les conditions d'utilisation des variables instrumentales ne sont pas toujours faciles à mettre en œuvre. Aucune des variables citées dans le tableau ci-dessus n'est un instrument parfait.

Le choix d'un bon instrument et sa justification théorique ne sont pas toujours faciles. Premièrement, il n'est pas aisé de trouver un instrument très fortement associé au traitement (ou à l'exposition). Plus l'intensité de l'association entre l'instrument et le critère de jugement est faible, plus la variance de l'estimateur par la méthode VI est grande et par conséquent l'estimation de l'effet traitement est non précise.

Dans ce cas, il est déconseillé d'utiliser l'approche variable instrumentale. Pire encore, si l'on dispose d'un seul instrument, qui n'est pas suffisamment lié au traitement, la stratégie consistant à créer plusieurs instruments à partir des variables disponibles dans la base de données n'est pas sans danger car non seulement elle ajoute peu d'informations mais elle aboutit à des estimations biaisées.

Deuxièmement, même si on réussit à trouver un instrument très lié au traitement, la condition d'exclusion n'est pas empiriquement testable ; en effet, il est difficile de vérifier que l'effet de l'instrument sur le critère de jugement est exclusivement transmis via le traitement.

Si l'instrument n'est pas valide (corrélé avec des caractéristiques inobservées liées au critère de jugement), l'estimateur par la VI est biaisé et comparable à celui de la méthode conventionnelle (e.g. les moindres carrés ordinaires).

Troisièmement, il est difficile de montrer que l'instrument n'est pas lié à certaines caractéristiques des patients. Dans le tableau I, l'hôpital le plus proche du domicile du patient peut être associé à certaines caractéristiques du patient (niveau socio-économique, soins habituels…) ou à d'autres Co-interventions non mentionnées dans l'étude.

De même, le jour de la semaine d'admission à l'hôpital peut affecter la mortalité si la prise en charge des patients admis à la fin de la semaine est très différente de celle réalisée au cours de la semaine (du lundi au vendredi).

Quatrièmement, l'analyse par la méthode VI requiert l'existence de grandes bases de données. Son utilisation sur des échantillons de petite taille est déconseillé dans la mesure où elle produit des estimations moins efficientes que la méthode des moindres carrés ordinaires (MCO) par exemple.

Selon les simulations de Crown et al. Même si l'instrument est suffisamment lié au traitement et considéré comme valide, le nombre de sujets doit être assez élevé pour que la variance de l'estimation variable instrumentale ne soit pas trop grande.

La difficulté associée au choix de la variable instrumentale et la vérification des conditions de sa validité renforcent la réflexion sur la nécessité d'utiliser différentes variantes des variables instrumentales, et d'autres méthodes alternatives de contrôle des variables nommées non observables en association avec celle-ci.

La méthode de la variable instrumentale est récemment utilisée dans les évaluations de l'efficacité ou la sécurité comparative des traitements dans les conditions de vie réelle. Elle permet de contrôler le biais induit par les variables non observables ou omises (sélection, confusion par indication...)

Un instrument est une variable très liée au traitement, non liée aux caractéristiques de santé des patients, et liée au critère de jugement exclusivement via le traitement (condition d'exclusion). Ainsi, à la façon d'un plan d'expérience quasi-randomisé, un instrument pertinent offre une source de variation aléatoire permettant d'identifier un effet causal.

Néanmoins, la méthode de la variable instrumentale est très exigeante au niveau de la vérification de ses conditions d'utilisation. Dans la pratique, il n'est pas toujours facile de trouver un instrument très lié au traitement, et qui n'affecte le critère de jugement qu'à travers le traitement.

Il est fortement conseillé d'abandonner cette méthode si l'intensité de l'association entre l'instrument et le traitement est faible. La sécurité comparative des traitements médicaux en vie réelle est un champ récent d'application de l'approche variable instrumentale.

La disponibilité de registres ou de banques de données administratives facilite amplement l'utilisation de cette approche. Même si les préférences de prescription des médecins demeurent un instrument discutable, l'application sur les AINS enrichit le débat méthodologique sur l'analyse de la sécurité des médicaments utilisés en vie réelle.

A cet égard, les patients âgés, par exemple, peuvent être considérés comme étant une sous-population à risque pour laquelle des études après mise sur le marché sont souhaitables.

Le défi est d'évaluer l'importance des biais liés aux variables non observables et omises, de développer « en amont » des instruments dès la conception du schéma d'étude, et de planifier plusieurs types d'analyses de sensibilité.

Ces dernières pourraient être fondées soit sur des variantes de la méthode des variables instrumentales permettant de retenir l'instrument le plus pertinent cliniquement et statistiquement, soit sur d'autres approches concurrentes de l'analyse d'impact des interventions médicales sur la sécurité comparative en vie réelle.[47]

III.4 Le principe des expérimentations contrôlées

L'évaluation par expérimentation contrôlée essaie de s'affranchir du biais de sélection en proposant d'affecter de manière aléatoire (par tirage au sort) les individus potentiellement intéressés par un dispositif d'aide ou de subvention, un programme de formation, etc., à un groupe de traitement qui bénéficiera de ce dispositif ou programme, ou bien à un groupe de contrôle qui n'en bénéficiera pas.[48]

L'expérimentation (un terme souvent utilisé de façon interchangeable avec le terme « essai contrôlé randomisé ») est la meilleure façon de respecter le principe ceteris paribus. Lorsqu'elles sont bien exécutées, les expérimentations sont les méthodes qui comportent le plus haut niveau de validité interne, ce qui signifie qu'elles constituent d'excellentes méthodes de mesure des impacts là où elles s'appliquent.

---

[47] Ministère des affaires sociales, de la santé et des droits des femmes. (France). Accord cadre du 5 décembre 2012 entre le comité économique des produits de santé (CEPS) et les entreprises du médicament (LEEM) http : //www.santé.gouv.fr/IMG/pdf/accord_cadre_du_051212.pdf
[48] Denis Fougère. Les méthodes économétriques d'évaluation. 2010/1 page 7. ISSN 0035-2985

La caractéristique clé des expérimentations est la répartition aléatoire dans le groupe de traitement et le groupe témoin. La répartition aléatoire dans les deux groupes signifie que chaque individu est associé à un groupe uniquement par hasard. Cette méthode comporte deux grands avantages

1) elle permet de s'assurer que les deux groupes sont équilibrés (au chapitre des attentes) en ce qui a trait aux éléments observables et aux éléments non observables. Les deux groupes seront aussi semblables que possible. Etant donné que les deux groupes ne sont pas intrinsèquement différents, aucun élément n'est susceptible d'exercer une influence différente sur les résultats.

2) cela assure également que toute menace touchant la validité est répartie de façon aléatoire entre les deux groupes. Ainsi, tous les autres facteurs susceptibles de modifier les résultats sont eux aussi équilibrés entre les deux groupes, donc ces effets « s'annulent ». Par conséquent, toute variation observée dans les résultats peut être directement attribuée au programme, à l'exclusion de tout autre facteur.

Les conditions qui permettent de recourir à l'expérimentation et déterminer son protocole sont au nombre de trois :

1) les participants à l'expérience doivent être pleinement informés des avantages que leur participation peut leur procurer comme des risques qu'elle peut leur faire courir (principe de consentement éclairé) ;

2) dans les cas où l'on anticipe que le programme peut provoquer des risques ou des torts, il faut prévoir de compenser les individus qui

seront affectés au groupe de traitement ; dans le cas où l'on anticipe que le programme peut être bénéfique, il faut prévoir de compenser ceux qui seront affectés au groupe de contrôle (principe de compensation) ;

3) enfin, une expérimentation n'est envisageable que dans le cas où l'on ignore a priori l'ampleur de l'effet du traitement ; si le traitement s'avère préjudiciable, il est préférable d'observer ses effets sur un nombre limité d'individus consentants que sur un très grand nombre d'individus contraints (principe de précaution).

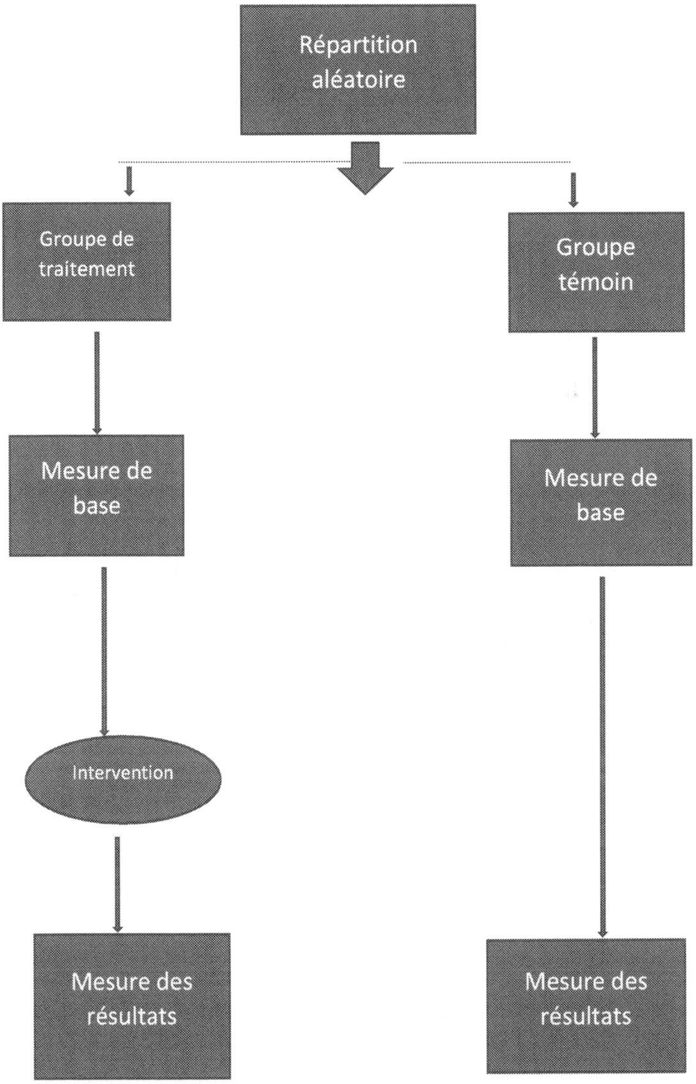

Figure 1[49]

[49] Modèle de mesure d'impacts : Guide des méthodes de mesure d'impacts. Gouvernement du Canada. CP22

Cette figure signifie que la répartition aléatoire est une façon extrêmement efficace d'écarter d'autres explications pour les résultats changeants. Avec la répartition aléatoire, tout changement dans les résultats observés dans les deux groupes ne peut pas être attribué aux écarts entre les deux groupes étant donné qu'il n'y a pas d'écarts, ni à d'autres causes étant donné que toute cause existante a un effet équivalent sur les résultats des deux groupes.[50]

L'autre caractéristique clé de l'expérimentation réside dans les « mesures de contrôle ». Nous pouvons considérer les mesures de contrôle comme des caractéristiques qui préservent les avantages de la répartition aléatoire. Contrôler une étude signifie préserver la composition du groupe test et du groupe témoin pour éviter qu'elle change au fil du temps. Cela signifie habituellement :

- s'assurer qu'il n'y a pas d'attrition dans les groupes. L'attrition (abandon) n'est généralement pas aléatoire, et qu'il est donc très possible que l'étude commence avec des groupes répartis de façon aléatoire, mais se termine avec des groupes qui ne sont plus comparables en raison de l'attrition ;
- s'assurer qu'il n'y a pas de contamination, c'est-à-dire que tous les participants du groupe test sont effectivement exposés au programme/au traitement/à l'intervention et qu'aucun participant du groupe témoin n'y est exposé ;
- protéger les groupes des effets comportementaux. Comme il est indiqué précédemment, les sujets d'études contrôlées peuvent

[50] Modèle de mesure d'impacts : Guide des méthodes de mesure des impacts. Gouvernement du Canada. CP22-174/2019F-PDF

modifier leur comportement lorsqu'ils sont conscients qu'ils sont exposés à un traitement. De façon similaire, les administrateurs du programme ou encore les individus qui évaluent les impacts pourraient se comporter différemment envers le groupe test et envers le groupe témoin.

- ces « changements » de comportement ont souvent une influence sur les résultats qui nous intéressent, ce qui signifie que tout changement observé dans les résultats ne peut être entièrement attribué au programme lui-même. Les meilleures évaluations des impacts sont menées à l'insu de tous, ce qui ne signifie qu'aucune des personnes en cause (participants, administrateurs du programme, évaluateurs, etc.) ne peut distinguer le groupe témoin.

III.4.1 Approches quasi expérimentales

Il arrive souvent que les administrateurs des programmes ne peuvent pas, ou ne veulent pas, utiliser un modèle de répartition aléatoire, ce qui rend le modèle expérimental impossible à appliquer. Dans ce cas, il y a des façons d'estimer les résultats contrefactuels en procédant à des quasi-expériences.

Les quasi-expériences sont définies comme des modèles « caractérisés par une répartition non aléatoire » (Dunning, 2013, p. 19), mais qui tentent de reproduire un grand nombre des avantages de l'ECR. La caractéristique clé des approches quasi expérimentales est, par conséquent, qu'elles ne permettent pas de déterminer la répartition dans le cadre du programme ou de l'intervention.

« Les approches quasi expérimentales se définissent comme des modèles « caractérisés par une répartition non aléatoire. » »

Les quasi-expériences s'accompagnent d'une grande diversité d'approches, mais elles ont toutes comme objectif commun de tenter de reproduire autant que possible la rigueur de L'ECR dans les scénarios où la répartition aléatoire n'est pas réalisable ni souhaitable.

Tout comme les méthodes expérimentales, les méthodes quasi-expérimentales permettent de tester les hypothèses causales. Que la méthode soit expérimentale (p. ex, les essais contrôlés randomisés ou ECR) ou quasi-expérimentale, le programme (ou la politique) est considéré comme une « intervention » qui consiste à évaluer au moyen d'un ensemble d'indicateurs prédéfini la capacité d'un « traitement » (à savoir, les éléments du programme ou de la politique à l'étude). Toutefois, par définition, les méthodes quasi-expérimentales n'ont pas recours à la randomisation.

Les méthodes quasi-expérimentales identifient un groupe témoin qui doit être aussi proche que possible du groupe expérimental au niveau des caractéristiques initiales (préalables à l'intervention).

Le groupe témoin permet d'identifier les résultats qui seraient survenus si le programme/la politique n'avait pas été mis en œuvre (c'est-à-dire la situation contrefactuelle). Cette méthode permet de prouver que le programme (ou la politique) est bien à l'origine des différences de résultat entre le groupe expérimental et le groupe témoin.

Les méthodes quasi-expérimentales impliquant la constitution d'un groupe témoin sont généralement utilisées lorsqu'il est impossible de répartir aléatoirement les individus ou les groupes d'individus entre un groupe expérimental et un groupe de contrôle.

C'est notamment le cas avec les évaluations d'impact ex post. Les méthodes quasi-expérimentales peuvent aussi être utilisées lors des évaluations d'impact ex ante pour lesquelles des contraintes d'ordre éthique, politique ou logistique (exemple : la nécessité d'un déploiement géographique progressif) empêchent le recours à la randomisation.

Un bilan des expérimentations relatives à l'évaluation des programmes d'aide à l'emploi introduits durant les vingt dernières années est contenu dans les deux articles de synthèse rédigés par Fougère (2000a, 2000b).

Depuis le début des années 1960, les autorités fédérales et locales des Etats-Unis d'Amérique ont recouru à des expériences contrôlées pour évaluer des politiques publiques dans des domaines aussi divers que la santé, le logement, l'impôt sur les revenus du travail, l'insertion et la réinsertion sociale, les économies d'énergies ou la tarification de la consommation d'électricité.

III.4.2. L'appariement et l'expérimentation aléatoire

L'une des méthodes couramment employées pour l'évaluation est la méthode dite de « l'appariement » (Imbens, 2000 ; Caliendo et Kopeinig, 2005). Pour chaque individu bénéficiant du programme, il s'agit de trouver un individu n'ayant pas bénéficié du programme et ayant des caractéristiques observables similaires, sexe, âge, diplôme, historique sur le marché du travail, etc. et de comparer leurs situations respectives. Cette méthode réduit les erreurs que l'on peut commettre en faisant une comparaison grossière, mais un biais subsiste.

On ne corrige avec cette méthode que la sélection dite « observable ». Il reste la sélection dite « inobservable ». Par exemple, dans une population de chômeurs, il y a des demandeurs d'emploi prêts à faire tous les efforts possibles pour retrouver rapidement un emploi.

D'autres, au contraire, sont motivés et peuvent éprouver une forme de découragement. Aucun fichier statistique ne contient ces informations « inobservables ». Elles sont pourtant très importantes car elles conditionnent à la fois l'entrée dans un programme et la capacité à sortir spontanément du chômage vers l'emploi.

Elles vont donc fortement contribuer au résultat en venant biaiser les comparaisons entre participants et non-participants. Il ne s'agit pas là d'un problème de second ordre que l'on pourrait négliger en première approximation.

Heckman, Ichimura et Todd (1998) montrent que les biais résiduels avec la méthode de l'appariement sont en général de l'ordre de grandeur de l'effet du programme lui-même. En outre, les résultats obtenus sont sensibles au choix des variables sur lesquels on apparie les individus, et on se trouve alors face à une multiplicité de résultats.

Ainsi, même si la méthode de l'appariement est une très bonne méthode, là où l'on a besoin d'évidence forte, son apport est limité. Les évaluations dites « par expérimentation » ne présentent pas cet inconvénient. Dans leur version standard, ces évaluations consistent à partager de façon aléatoire la population éligible en deux. Une seule des deux populations, le groupe test, bénéficie du programme.

L'intérêt de cette démarche est qu'elle permet d'obtenir deux populations statistiquement identiques : même proportion de moins de trente ans, de femmes, de diplômés, mais aussi même proportion de personnes motivées pour améliorer leur situation ou au contraire, découragées. Au terme d'un échantillonnage aléatoire, n'importe quelle caractéristique est identiquement représentée entre les deux groupes : on est en présence d'un groupe de contrôle idéal.[51]

Une fois le programme mis en œuvre, la seule différence entre le groupe test et le groupe de contrôle ne peut provenir que du programme lui-même. Il n'y a pas d'effet population et l'effet du programme peut être mesuré en toute transparence par la différence de situations entre les deux populations. L'idée reste donc la même que dans les études par appariement, à la différence notable que l'on construit au préalable deux populations statistiquement identiques et qu'elles sont exposées différemment au programme.

On n'a donc pas à reconstruire ex post ces deux populations, qui ne seront statistiquement identiques que sur un nombre choisi et donné de caractéristiques. Cette méthode est donc à la fois plus fiable et plus transparente. Elle est également précise lorsque les échantillons constitués sont suffisamment importants.

[51] Méthodes d'évaluation des politiques publiques, actes du séminaire sous la Direction de Nicolas Studer, Directrice de la publication Anne-Marie Brocas. P. 37

III.4.3 Estimation par appariement sur le score de propension

Le problème de dimension du vecteur X est fortement réduit par une propriété mise en évidence par Rosenbaum et Rubin (1983). La propriété d'indépendance conditionnellement à des variables observables implique celle d'indépendance conditionnellement à un résumé de dimension Un, qui est la probabilité de traitement, ou score de propension à être traité, noté $P(X) = \Pr\left(T = \frac{1}{X}\right)$.

Proposition (Rosenbaum, Rubin, 1983) : si la variable de résultat Y_0 est indépendante de l'accès au traitement T conditionnellement aux observables X, alors elle est également indépendante de T conditionnellement au score de propension $P(X)$[52] :

$Y_0 \coprod \mathrm{T|X} \Rightarrow Y_0 \coprod T | P(X)$ (2)

En raison de cette propriété, il n'est pas nécessaire d'apparier les individus sur l'ensemble des variables de conditionnement. Il suffit de les apparier sur leur score de propension, lequel constitue un résumé unidimensionnel de l'ensemble de ces variables. L'individu non traité noté ? qui est apparié avec l'individu traité i, est alors défini par $P(x_i) = P(x\,?)$.

Pour ce cas précis, les propriétés asymptotiques de cet estimateur sont suffisamment connues : l'estimateur est-il convergent ? quelle est sa vitesse de convergence ? aucun résultat ne permet de décrire le comportement de l'estimateur lorsque le nombre d'individus traité devient grand.

[52] Les méthodes économétriques d'évaluation. Denis Fougère. P. 43 dans revue française des affaires sociales 2010/1-2, pages 105 à 128

Avec la technique de l'appariement sur le score de propension, les individus ne sont pas appariés en fonction de leurs caractéristiques observables, mais de leur score de propension, qui désigne la probabilité de participation à l'intervention au vu des caractéristiques observables de l'individu.

En d'autres termes, l'appariement sur le score de propension associe les individus/ménages du groupe expérimental avec les individus/ménages comparables du groupe témoin, pour ensuite calculer la moyenne de leur différence à partir des indicateurs pertinents.

Ce faisant, l'appariement sur le score de propension permet de vérifier la similarité des caractéristiques moyennes entre le groupe expérimental et le groupe témoin, ce qui permet d'obtenir une estimation de l'impact impartiale.

L'appariement sur le score de propension s'articule autour de cinq étapes suivantes[53] :

1) garantir la représentativité : cette première étape consiste à veiller à ce qu'une enquête par sondage soit menée sur un échantillon représentatif de participants admissibles et non-participants à l'intervention. Il est préférable que les scores de propension soient calculés à partir des données de référence.

   Toutefois, cette technique peut aussi utiliser les données collectées lors de l'enquête finale, mais les variables utilisées dans le cadre de

[53] Méthodes et modèles quasi-expérimentaux. UNICEF, notes méthodologiques, évaluation d'impact n°8. Howard white et Shagun Sabarwal p.5

l'appariement ne doivent pas avoir été influencées par l'intervention.

2) déterminer les scores de propension : les scores de propension sont calculés à l'aide de l'équation de la participation, qui est un modèle de régression Logit ou Probit utilisant la participation au programme comme variable dépendante (participation au programme = 1 ; non-participation au programme = 2). Les caractéristiques pouvant affecter la participation doivent être soigneusement examinées et aussi exhaustives que possible. Elles doivent exclure les caractéristiques qui peuvent avoir été affectées par l'intervention. C'est pour cette raison qu'il est préférable d'utiliser, si possible, les données de référence pour évaluer les scores de propension.

3) sélectionner un algorithme d'appariement : chaque membre du groupe expérimental est ensuite apparié à un ou plusieurs membres du groupe témoin. Il est possible d'avoir recours à plusieurs méthodes pour réaliser cet appariement, comme la méthode des « voisins les plus proches » qui consiste à apparier chaque participant avec le non-participant présentant le plus de similarités. La moyenne des cinq voisins les plus proches est la plus fréquemment utilisée.

   Un individu du témoin peut être apparié à plusieurs individus du groupe expérimental. Pour que l'appariement soit valide, il est essentiel de comparer les « valeurs observables » des participants et des non-participants présentant le même ensemble de caractéristiques.

Les membres du groupe témoin ayant un score de propension inférieur à la valeur la plus faible observée au sein du groupe expérimental sont écartés de l'étude, de même que les membres du groupe expérimental ayant un score de propension supérieur à la valeur la plus élevée observée au sein du groupe témoin.

4) vérifier l'équilibre : les caractéristiques du groupe expérimental et du groupe témoin sont comparés afin de vérifier que l'appariement est équilibré. Idéalement, les caractéristiques observables moyennes ne doivent présenter aucune importance entre les deux groupes. Une fois que le groupe expérimental et le groupe témoin présentent des caractéristiques observables similaires, les disparités en matière d'incidence de la diarrhée infantile entre les deux groupes peuvent être attribuées à des différences telles que l'accès à l'eau salubre.

5) estimer les effets du programme et interpréter les résultats : au cours de cette dernière étape, l'estimation d'impact, exprimée sous la forme d'une différence unique ou d'une DID, est évaluée tout d'abord en calculant la différence entre l'indicateur de l'individu du groupe expérimental et la valeur moyenne des membres du groupe témoin appariés, puis en faisant la moyenne de toutes ces différences.

L'appariement sur le score de propension nécessite l'existence de données relatives au groupe expérimental et au groupe témoin potentiel. Les deux échantillons doivent dépasser la taille recommandée par les calculs de puissance statistique (qui permettent de trouver la taille d'échantillon nécessaire pour identifier l'impact de l'intervention), car les observations sortant de la partie des supports commun doivent être écartées.

D'une manière générale, le suréchantillonnage doit être plus important pour le groupe témoin potentiel que pour le groupe expérimental. L'appariement sur le score de propension peut reposer sur les données tirées d'enquêtes, de registres administratifs, etc.

les données concernant le groupe expérimental et le groupe témoin doivent être respectées : (a) les ensembles de données doivent porter sur les mêmes variables (c'est-à-dire, des variables définies selon la méthode) et (b) les données doivent avoir été recueillies au cours de la même période.

Cette dernière condition revêt une importance particulière dans le cas des variables saisonnières, c'est-à-dire les variables qui varient selon la saison, comme le poids selon l'âge.

III.4.4 Estimateur par appariement avec fonction noyau (KERNEL MATCHING)[54]

Les travaux d'Heckman, Ichimura et Todd (1997, 1998) ont permis de répondre à ces questions, Heckman et ses coauteurs proposent en particulier d'utiliser des estimateurs à noyau, qu'ils montrent être convergents (en racine carrée de N) et asymptotiquement distribués selon des lois normales.

Le plus simple de ces estimateurs s'écrit :

$$\hat{E}\big(Y_0 \big| P(x) = P(x_i)\big) = \sum_{j \in I^0} \frac{K[(P(x_j - P(x_i))/h]}{\sum_{j \in I^0} K((P(x_j) - P(x_i))/h)} y_j \qquad (1)$$

Où I_0 est l'ensemble des individus non traités, défini par $I_0 = \{i | T_i = 0\}$, N_0 est le nombre d'individus non traités, K est une fonction noyau (Kernel function), continûment différentiable, symétrique par rapport à 0, telle que

$\int_{-\infty}^{+\infty} K(u)du = 1, et\ h$ La fenêtre d'estimation (bandwith function)[55]

Chaque individu non traité participe ainsi à la construction du contrefactuel de l'individu i, avec une importance qui varie selon la distance entre son score et celui de l'individu considéré. L'estimateur final de l'effet du traitement conditionnellement au fait d'être traité est ainsi :

---

[54] Les méthodes économétriques d'évaluation. Denis Fougère Directeur de recherche au CNRS et membre du laboratoire de microéconométrie du centre de recherches en économie et statistique (CREST, Paris). P 10

[55] La fonction « noyau » est un opérateur qui pondère symétriquement les valeurs des observations y_j, en accordant un poids plus élevé à celle de ces observations (individus non traités) dont la probabilité d'être traité est « proche » de celle de l'individu traité i. cette distance est inversement proportionnelle à la largeur de la « fenêtre » h, qui peut être choisie de façon optimale. Les fonctions « noyau » les plus usuelles sont le noyau gaussien, le noyau quartique et le noyau d'Epanechnikov. Le lecteur trouvera dans Hairdle et Linton (1994) une très bonne présentation des méthodes d'estimation non paramétrique.

$$\widehat{\Delta}_{KM}^{TT} = \frac{1}{N_1} \sum_{j \in I_0} \{ Y_i - \sum_{j \in I_0} \frac{K[(P(x_j) - P(x_i))/h]}{\sum_{j \in I_0} K[(P(x_j) - P(x_i))/h} y_j \} \qquad (2)$$

Heckman, Ichimura et Todd (1998) montrent que, sous certaines hypothèses de régularité, cet estimateur est convergent, asymptotiquement normal, avec une vitesse de convergence en racine carrée de N.

Avantages :

- possibilité d'estimer l'effet d'un traitement pour des sous-populations (les jeunes, les moins qualifiés par exemple), afin d'améliorer le ciblage des politiques ;
- estimation aisée au moyen de logiciels statistiques existants.

Limites et points de vigilance méthodologiques :

- validité interne limitée : les résultats sont valables seulement s'il n'existe pas de variables inobservables susceptibles d'affecter conjointement la participation au traitement et la variable de résultat[56] ;
- nécessité d'un « support commun », c'est-à-dire de valeurs du score de propension similaires entre individus traités et non traités.

Contraintes opérationnelles :

[56] La difficulté tient ici au fait que cette hypothèse n'est pas testable empiriquement, sauf si l'on dispose de données expérimentales permettant de comparer les résultats issus de l'expérience aléatoire et de l'appariement. Dans certains cas, ces résultats sont très voisins comme l'on montré Dehejia et wahba (1999) en évaluant l'effet de programmes de formation aux Etats-Unis.

- faibles dès lors que les données individuelles sont suffisamment riches pour contrôler la sélectivité.[57]

III.4.5 Les expérimentations aléatoires

La résolution du modèle contrefactuel est intimement liée à la notion d'expériences aléatoire, c'est-à-dire d'un processus dans lequel l'attribution du traitement (la participation à la politique publique) des agents est distribuée de manière aléatoire.

Dans ce protocole, les groupes de contrôle et de traitement sont assignés de manière aléatoire :

- chaque agent possède la même probabilité de se trouver dans un groupe ou dans l'autre.

Les résultats sont observés pour les deux groupes, toute différence est attribuée à l'intervention publique.

L'assignation aléatoire permet de supposer vraie l'hypothèse :

$$E[Y^0|D=1] = E[Y^0|D=0]$$

Quand les deux groupes sont tirés au sort et la taille de l'échantillon est suffisante nous avons en moyenne :

- le résultat moyen du groupe de traitement ($D = 1$) s'il n'avait pas été traité, $E[Y^0|D=1]$, n'est pas différent de celui du groupe de contrôle $(\mathrm{D}=0), \mathrm{E}[\mathrm{Y}^0|\mathrm{D}=0]$.
- le biais de sélection est nul.

[57] Callendo M. et Kopeinig S. (2008), *Some Practical Guidance for the implementation of Propensity Score Matching*, Journal of Economic Surveys, 22(1), p.31-72

L'effet moyen du traitement peut être calculé en utilisant les moyennes des résultats observés.

La méthode repose sur la loi des grands nombres. La taille de l'échantillon nécessaire est déterminée avec précaution. La randomisation nous assure la véracité de notre estimation (absence de biais) et la taille de l'échantillon contrôle la précision.

- dans le cadre même de l'évaluation, l'écart de résultat test-témoin ne mesure pas l'impact de la politique.

L'attrition est la disparition de certains des individus de l'expérimentation entre l'affectation aux groupes et la collecte des résultats.

Effets Hawthorne : les individus changent de comportement parce qu'il participe à une expérimentation.

- on mesure bien l'impact de la politique dans le cadre spécifique de l'évaluation, mais on ne peut pas généraliser : l'impact de la politique serait différent *dans la vraie vie*.

Avantages[58] :

- forte validité interne des résultats (contrôle des caractéristiques observables et inobservables) ;
- caractère intuitif conférant un pouvoir de conviction aux décideurs politiques et à l'opinion publique.

Limites et points de vigilance méthodologiques :

[58] Comment évaluer l'impact des politiques publiques ? un guide à l'usage des décideurs et praticiens. Rozenn Desplatz, Marc ferracci septembre 2016, p. 13

- validité externe potentiellement limitée : difficulté à générer les résultats à des publics plus larges ;
- sources de biais possibles : modification du comportement du groupe de contrôle du fait de l'expérimentation ; refus de certains membres du groupe test de se prêter à l'expérimentation (non compliance).

Contraintes opérationnelles :

- coût (une certaine taille d'échantillon est nécessaire pour assurer la significativité des résultats) ;
- temporaire parfois trop longue comparée à l'exigence des décideurs politiques ;
- problèmes éthiques liés à l'introduction d'une discrimination entre individus traités et non traités.[59]

III.4.6 L'assignation aléatoire

L'assignation aléatoire est considérée comme la méthode la plus rigoureuse pour évaluer le contrefactuel.[60] Il s'agit de l'étalon Or de l'évaluation d'impact. De simples test sont toutefois nécessaires pour jauger de la variabilité de cette stratégie d'évaluation dans un contexte donné.

[59] Bougen A. et Seban J. (2014, « l'assignation aléatoire comme méthode d'évaluation des politiques publiques », Economie & prévision (1), p. 119-143

[60] Evaluation d'impact en pratique. Paul J. Gertler, Sebastian Martinez, Patrick Premand, Laura B. Rawlings, Christel M. J. Vermeersch. Banque Mondiale. P. 118

- les caractéristiques sont-elles équilibrées dans les données de référence ? comparez les caractéristiques du groupe de traitement à celles du groupe de comparaison en utilisant les données de base.
- les unités ont-elles totalement adhéré au résultat de l'assignation aléatoire ? vérifier si toutes les unités éligibles ont bien bénéficié du programme et qu'aucune unité non éligible n'en a bénéficié. Si l'adhérence n'est pas totale, utiliser la méthode de l'offre aléatoire.
- le nombre d'unités dans le groupe de comparaison est-il assez important ? si ce n'est pas le cas, considérer, combinez l'assignation aléatoire et la double différence.

Offre aléatoire

Si l'adhérence n'est pas totale, l'assignation aléatoire revient à l'offre aléatoire.

- les caractéristiques sont-elles équilibrées dans les données de référence ? comparez les caractéristiques des unités auxquelles le programme a été offert à celles des unités auxquelles il n'a pas été offert en utilisant les données de base.

Promotion aléatoire [61] la promotion aléatoire fournit une estimation valide du contrefactuel si la campagne de promotion augmente substantiellement la participation au programme sans influencer directement le résultat à l'étude.

[61] Evaluation d'impact en pratique. Paul J. Gertler, Sebastian Martinez, Patrick Premand, Laura B. Rawlings, Christel M. J. Vermeersch. Banque Mondiale. P. 118

- les caractéristiques des unités recevant la campagne de promotion et celles ne la recevant pas sont-elles équilibrées dans l'enquête de référence ? comparez les caractéristiques des deux groupes en utilisant les données de base.
- la campagne de promotion augmente-elle significativement la participation au programme ? elle le devrait. Comparez les taux de participation au programme entre le groupe ne l'ayant pas reçu.
- la compagne de promotion a-t-elle un effet direct sur les résultats ? elle ne devrait pas en avoir. Ceci ne peut généralement pas être testé directement et il faut donc se fier aux théories existantes et au bon sens.

III.5 Régression sur discontinuités

Dans les statistiques, économétrie, sciences politiques, l'épidémiologie et des disciplines connexes, une conception de discontinuité de la régression (RDD) est une conception prétest post-test quasi-expérimental qui provoque les effets de cause à effet des interventions en attribuant un seuil ou seuil au-dessus ou au-dessous duquel une intervention est attribuée.

En comparant les observations se trouvant étroitement de part et d'autre du seuil, il est possible d'estimer l'effet moyen du traitement dans des environnements où la randomisation est irréalisable. Tout d'abord appliqué par Donald Thistlethwaite et Donal Campbell à l'évaluation des programmes de bourses, le RDD est devenu de plus en plus populaire ces dernières années.

Les deux méthodes les plus courantes à l'estimation en utilisant un RDD sont non paramétrique et paramétrique (normalement régression polynomiale).

La méthode de la régression avec discontinuité est appliquée en général dans les cas où la probabilité de traitement est une fonction discontinue de la valeur prise par une covariable autre que la variable de résultat (par exemple, l'âge ou le revenu de l'individu, l'effectif de l'entreprise, etc.).

Deux situations doivent être distinguées :

- le cas avec discontinuité nette (Sharp design) : ici l'accès au traitement T dépend de manière déterministe des valeurs prises par un vecteur de variables observables $Z, soit\ T = f(Z)$, et le point z_0 auquel il y a discontinuité, est connu avec certitude. Par exemple, si $\mathrm{Z\ est\ de\ dimensio, n\ 1}$:

  $\mathrm{T = 1\ si\ Z\ > z_0\ et\ T = 0\ si\ Z < z_0}$ (Ou l'inverse)

- le cas avec discontinuité floue (fuzzy design) : ici l'accès au traitement T est une variable aléatoire conditionnée par Z, et la probabilité conditionnelle $\Pr(T = 1|Z = z) = E(T|Z = z) = f(z)$ est discontinue en $Z = z_0$

Le problème provient du fait que Z peut être corrélé avec la variable de résultat. Une comparaison des résultats des agents ayant reçu le traitement et de ceux n'y ayant pas eu accès, est, de ce fait, généralement biaisée. Toutefois, il est vraisemblable que les agents proches du point de discontinuité (situés des deux côtés de la limite ou du seuil) soient très semblables.

Posons $Y = Y_0 + (Y_1 - Y_0)T = \alpha + \beta T$. Dans le cas d'une discontinuité nette (Sharp design), et si ε est un nombre arbitrairement faible, alors :

$$E(Y|Z = z_0 + \varepsilon) - E(Y|Z = z_0 - \varepsilon) = E(\beta|Z = z_0 + \varepsilon) +$$
$$E(\alpha|Z = z_0 + \varepsilon) - E(\alpha|Z = z_0 - \varepsilon) \quad (1)$$

Si les agents proches du seuil sont identiques, on devrait avoir :

$$E(\alpha|Z = z_0 + \varepsilon) \cong E(\alpha|Z = z_0 - \varepsilon) \qquad (2)$$

Les conditions d'identification de la régression avec discontinuité sont donc :

1). (C1) $E(\alpha|Z = z)$ est continue en $\mathrm{Z} = \mathrm{z}_0$

2) (C2) la limite $\lim_{e\to 0} \mathrm{E}(\beta|\mathrm{Z} = \mathrm{z}_0 + \varepsilon)$ existe et est définie.

Sous ces conditions,

$$lim_{e\to 0}[E(Y|Z = z_0 + \varepsilon) - (E(Y|Z = z_0 - \varepsilon)] = E(\beta|Z = z_0) \qquad (3)$$

Il ressort que l'effet moyen du traitement sur les traités, n'est identifié que pour les agents proches du seuil (sauf dans le cas où cet effet est constant dans la population). Toutefois, dans le cas de points de discontinuité multiples, il est possible d'approcher l'identification de cet effet « pour tout Z » il est donc possible de tester l'hypothèse d'effet constant du traitement.[62]

En considérant maintenant le modèle plus général :

$$Y = \alpha + \beta T = g(Z) + \beta T + u \qquad (4)$$

[62] Les méthodes économétriques d'évaluation. Denis Fougère. Directeur de recherche au CNRS et Membre du laboratoire de microéconométrie du centre de recherches en « économie et statistiques (CREST, Paris) P.19

Où $g(Z) = E(\alpha|Z)$ est une fonction de contrôle flexible pour la régression de Y sur T. Dans le cas d'une discontinuité floue (fuzzy design), Van der Klaauw (2001) propose de remplacer T par un estimateur de première étape de $E(T|Z)$. Dans le cas général (Sharp ou fuzzy design), le rapport

$$\frac{\lim_{e\to 0} E(Y|Z = z_0 + \varepsilon) - \lim_{e\to 0} E(Y|Z = z_0 - \varepsilon)}{\lim_{e\to 0} E(T|Z = z_0 + \varepsilon) - \lim_{e\to 0} E(T|Z = z_0 - \varepsilon)} \quad (5)$$

Identifie l'effet du traitement en $Z = z_0$

III.5.1 Estimation non paramétrique :

La méthode non paramétrique la plus couramment utilisée dans le contexte RDD est une régression linéaire locale. Ceci est de la forme :

$$Y = \alpha + \tau D + \beta_1(X - c) + \beta_2 D(X - c) + \varepsilon, \quad (1)$$

III.5.2 Estimation paramétrique :

Un exemple d'une estimation paramétrique est

$$Y = \alpha + \beta_1 x_i + \beta_2 c_i + \beta_3 c_i^2 + \beta_4 c_i^3 + \varepsilon, \quad (2)$$

Où

$$x_i = \{1 \text{ if } c_i \geq \bar{c}$$

$$\{0 \text{ if } c_i < \bar{c}$$

Et est le traitement de coupure. Notez que la partie polynomiale peut être raccourci ou prolongé en fonction des besoins. $\bar{C}$

L'objectif d'une évaluation étant l'estimation de l'effet d'une intervention D sur l'indicateur de résultat Y.

On peut chercher à savoir par exemple : quel est l'impact d'une augmentation du revenu minimum sur l'emploi ?

Quel est l'impact d'un programme de repas scolaire sur la réussite scolaire ?

Quel est l'impact d'un programme de formation professionnelle sur l'emploi et les salaires ?

A quel moment précis faut-il utiliser la méthode de régression de discontinuité ?

En pratique, on distingue deux cas :

1) Sharp design

Le traitement T dépend de manière déterministe de la variable de sélection S

$$T_i = T(S_i) = 1(S_i > \sqsupseteq) \quad (3)$$

C'est par exemple le cas de dispositif dépendant de l'âge. Lalive (2008) s'intéresse ainsi aux indemnités chômage qui sont plus généreuses en Autriche lorsque la perte d'emploi a lieu après cinquante ans. Il étudie l'effet de ces indemnités sur le retour à l'emploi en tenant compte de cette discontinuité. Celle-ci présente de fait une discontinuité marquée après 50 ans.

III.5.3 Discontinuité précise ou floue

- la discontinuité précise, détermine précisément le traitement équivalent à l'affectation aléatoire localement autour du seuil d'inclusion. Par exemple, les paiements de la sécurité sociale qui dépendent directement de l'âge d'un individu.
- la discontinuité floue est fortement corrélée au traitement, on se sert de son positionnement par rapport au seuil d'inclusion comme variable instrumentale pour la participation au programme. Par exemple, les règles qui déterminent l'admissibilité avec une marge d'erreur administrative.

La méthode de discontinuité de la régression permet d'estimer correctement l'impact d'un programme sans exclure d'unités éligibles. Il convient toutefois de noter que l'impact estimé ne s'applique qu'aux unités se situant autour du seuil d'éligibilité.

Le modèle de discontinuité de la régression utilise la discontinuité observée autour du seuil d'éligibilité pour estimer le contrefactuel. Intuitivement, nous pouvons considérer que les ménages dont le score est juste au-dessous du seuil d'éligibilité (50 ou un peu moins) sont très similaires à ceux dont le score est juste au-dessus du seuil d'éligibilité (51).

III.5.4 L'intuition derrière la régression de discontinuité (RDD) :

1) le processus de sélection est entièrement connu et peut être modélisé à l'aide de fonctions de régression des variables d'affectation et de résultat.

- la partie non traitée de la variable de forçage permet d'identifier la situation contrefactuelle

2) la discontinuité intervient comme une expérimentation aléatoire contrôlée autour du seuil.

- il n'est pas nécessaire d'identifier la relation structurelle entre la variable de forçage et le résultat/traitement ; il faut définir une fenêtre autour du seuil.

Chaplin et al. (2018) ont comparé les résultats de RCT et de RDD pour les mêmes études et concluent que les RDD fournissent des résultats très proches des RCT et sans biais.

L'intuition, c'est que le seuil est arbitraire. S'il était ailleurs (ou pas là), la relation entre le résultat et la forcing variable serait continue à cet endroit.

Lorsque la variable de forçage passe au-delà du seuil C, la probabilité de traitement change de façon discontinue. On suppose que les individus ne peuvent pas manipuler avec précision leur variable d'assignation.

Le mot précision indique ici que les individus proches du seuil sont comparables.

III.5.5 Hypothèse nécessaire à l'identification :

1) la probabilité de traitement doit être discontinue au niveau du seuil, il doit y avoir plus de personnes traitées d'un côté que de l'autre, s'ils sont tous traités, c'est un Sharp design, sinon c'est un fuzzy design.

2) il n'y a pas de discontinuité des résultats potentiels ⟺ s'il n'y avait pas de cutoff, les résultats seraient continus autour du seuil. Cela revient à dire qu'il n'y a pas d'autre interprétation spécifique de ce seuil. Heim (2018 utilise la discontinuité de la date de naissance au 31/12 pour prédire l'accès en maternelle à 2 ans. Le problème est que ce n'est pas la seule chose qui change autour du 31/12.

Plusieurs articles très précis offrent de bonnes instructions sur la manière de mener une RDD. En particulier Imbens and Lemieux (2008), Lee and Lemieux (2010), and Jacob et al. (2012).

Les cas des modèles fuzzy :

Dans un modèle fuzzy, ce n'est pas le traitement qui est discontinu mais sa probabilité. Une fraction de personnes va réagir à l'éligibilité ouverte par le seuil.

Une situation semblable au LATE ⇒ mesurer l'effet sur les compliers avec les mêmes hypothèses qu'une variable instrumentale. La first stage consiste à prédire le traitement en utilisant la discontinuité comme instrument. Si D_i est le traitement et $C_i = 1(X_i \geq c)$,

$$D_i = \alpha_1 + \beta_1 f(X_i) + \pi C_i + \beta_2 f(X_i) \times C_i + \varepsilon_{i,}1 \qquad (1)$$

$$Y_i = \alpha_2 + \beta_1' f(X_i) + \rho D_i + \beta_2 f(X_i) \times C_i + \varepsilon_{i,}2 \qquad (2)$$

III.5.6 Validité des RDD : Test à faire pour rendre crédible

- RDD Porn : une RDD doit se voir, les graphs sont indispensables
- McCarry test : les individus ne doivent pas pouvoir manipuler leur position ⇒ la densité des observations doit être continue de part et d'autre de la discontinuité.
- placebo test : les variables de contrôles ne doivent pas être discontinues non plus autour du seuil.
- forme fonctionnelle et taille d'intervalle : tester la sensibilité des résultats à la taille des intervalles, à la fenêtre autour du seuil, et à la relation entre la forcing variable et le résultat (linéaire, polynomiale, non-paramétrique etc.)

Avantages :

- forte validité interne des résultats (contrôle des caractéristiques observables et inobservables).

Limites et points de vigilance méthodologiques :

- validité externe limitée : les résultats sont valables seulement pour les individus situés à proximité du seuil ;
- source de biais possibles : manipulation possible du seuil par les bénéficiaires (ex : sous-déclaration de revenus pour bénéficier d'une aide).

Contrainte opérationnelle :

- existence d'un seuil déterminant la participation au traitement.[63]

III.6 La méthode de différence en différence

Parmi les expériences aléatoires :

- La différence en différence : la méthode de différence en différence se fonde sur l'analyse d'une variable de façon exogène, lorsqu'une mesure de politique publique n'affecte qu'une partie de la population pour des raisons non liées au facteur étudié (par exemple, une raison géographique). Les individus traités par les mesures de politique publique sont observés avant et après l'introduction de celle-ci ainsi que les individus non affectés

La double différence et l'appariement, pourvoient l'évaluateur d'outils utilisables lorsque les règles d'assignation des programmes sont moins claires ou lorsqu'aucune des autres méthodes décrites ci-dessus n'est applicable.

La double différence (DD) et l'appariement constituent de puissants outils statistiques qui sont souvent utilisés ensemble ou en conjonction avec d'autres méthodes d'évaluation d'impact.

Tant la double différence que l'appariement sont couramment utilisés, mais reposent sur des hypothèses plus contraignantes que les méthodes de sélection aléatoire. Il est impossible d'appliquer ces deux méthodes sans des données de référence collectées avant le début du programme à évaluer.

---

[63] Imbens G. W. et Lemieux T. (2008), *Regression Discontinuity Designs : A Guide to Pratice*, Journal of Econometrics, 142(2), p. 615-635

La méthode de la double différence compare les différences de résultats au fil du temps entre une population participant à un programme (le groupe de traitement) et une autre n'y participant pas (le groupe de comparaison).

Les méthodes de différence-en-différence se réfèrent au paradigme de l'expérience naturelle. Un exemple-type d'expérience naturelle est le cyclone Katrina qui a entraîné des déplacements de certaines populations.

Certains aspects des politiques d'éducation aux Etats-Unis ont alors pu être étudiés en comparant l'évolution avant/après la catastrophe des résultats scolaires des enfants déplacés et des enfants non-déplacés.

Les études de l'impact de la suppression de la publicité sur les télévisions francophones au Québec s'inspirent de cela, en considérant cette mesure comme « un événement naturel » touchant les francophones mais non les anglophones (Goldberg, 1990).

III.6.1 Méthodes élémentaires de panel :

Données de panel : on suit un même échantillon (personnes, ménages,) au cours du temps. Cela permet de voir l'évolution comparée :

- de ceux qui n'ont pas bénéficié d'un traitement : RSA, traitement médical…
- de ceux qui n'ont pas bénéficié de ce traitement

Notations [64]:

- on a un individu i, mais aussi des dates t

[64] Pierre ANDRE. Méthodes élémentaires de panel : doubles différences et effets fixes

- on note donc les variables pour un individu X_{it}, Y_{it} … ..
- le terme d'erreur peut s'écrire $\varepsilon_{it} = c_i + u_{it}$
- c_i Représente les composantes de ε_{it} qui ne changent pas au cours du temps.
- on peut toujours estimer le modèle par :

les MCO $Y_{it} = x_{it}\beta + \varepsilon_{it}$ si $\mathrm{corr}(x_{it}, \varepsilon_{it})$

- on appelle ça le modèle sur données empilées
- en général, les différentes observations du même individu sont corrélées : $corr(\varepsilon_{it}, \varepsilon_{it'}) > 0$
- il faut corriger les écarts-types pour cela : comme pour des observations par cluster.
- estimation par les MCO du modèle : $Y_{it} = x_{it}\beta + \varepsilon_{it}$ si $\mathrm{corr}(x_{it}, \varepsilon_{it})$
- en général, les différentes observations de la même date corrélées : $\mathrm{corr}(\varepsilon_{it}, \varepsilon_{jt}) > 0$
- il est (un peu) plus difficile de contrôler pour des clusters au cours du temps et entre les individus
- la solution la plus simple est de contrôler pour les différences entre dates avec un effet fixe pour chaque date : $Y_{it} = x_{it}\beta + \delta_t + \varepsilon_{it}$
- une fois que chaque date a son effet propre, il devient possible que

$$\varepsilon_{it} \perp \varepsilon_{jt}$$

- à ces deux subtilités près, on peut utiliser les MCO sur des données de panel
- (de même pour les variables instrumentales)

Autre exemple

On a un traitement binaire noté D, ex : recevoir le RSA…

- $D = 1\ si\ l'individuest\ traité, D = 0\ sinon$
- deux dates : $t = 0\ ou\ t = 1$
- on a donc Y_{i0}, et x_{i0} et x_{i1}.....

L'évolution entre $t = 0\ et\ t = 1$ est due au traitement

- on peut donc écrire un modèle simple pour tous les individus qui ont subi le traitement :

$$\{Y_{i0} = \beta + \varepsilon_{i0}$$

$$\{Y_{i1} = \beta + \alpha D + \varepsilon_{i1}$$

- ce modèle estimé par les MCO sur les traités identifiera $\overline{y_1} - \bar{y}_0$
- hypothèse 1 : $E(\varepsilon_{i0}) = 0, costless\ car\ \beta = \overline{y_0}$
- hypothèse 2 : $E(\varepsilon_{i1}) = 0$: en moyenne, l'évolution entre $\bar{y}_0$ et $\overline{y_1}$ n'est due qu'à D

Avantage :

- on peut le faire même si on n'observe que des individus traités.

Inconvénient :

- les conditions peuvent avoir changé entre $t = 0\ etr\ t = 1\ et\ \overline{y_1} - \overline{y_0}$ peut venir de l'évolution générale de l'économie et non du traitement
- exemple : si le chômage diminue en même temps qu'on met en place le RSA, est-on sûrs que ce soit lié uniquement au RSA ? si cela se passe en période de croissance, non.

Avantages :

- forte validité interne des résultats (contrôle des caractéristiques observables et inobservables) ;
- estimation aisée au moyen de logiciels statistiques existants.

Limites et points de vigilance méthodologiques :

- validité externe potentiellement limitée : difficulté à généraliser les résultats à des publics plus larges ;
- source de biais possibles : absence de tendance commune entre le groupe de traitement et le groupe de contrôle ; anticipation de la mesure et modification de comportement chez les individus du groupe de traitement.

Contraintes opérationnelles :

- nécessite l'existence d'un choc de politique affectant une partie de la population seulement.[65]

[65] Bertrand M, Dufflo E. et Mullainathan S. (2004), *How Much should we Trust Differences-in-Differences Estimates ? Quarterly Journal of Economics, 119(1).

III.6.2 La méthode des doubles différences

Comparer avant et après la mise en place d'une réforme, la valeur moyenne prise par une variable économique (Y) au sein d'un groupe de traitement à la valeur moyenne prise par cette variable au sein d'un groupe de contrôle composé d'agents non concernés par la réforme ou l'expérience.

Intuition = en l'absence de réforme, l'évolution de la valeur moyenne de la variable aurait été identique pour les deux groupes.

La causalité est donc la différence entre la réalité (ce qui est arrivé au groupe de traitement) et le contrefactuel (ce qui arrive au groupe de contrôle).

$$\text{L'impact}= \left(Y_{T,post} - Y_{T,pre}\right) - (Y_{C,post} - Y_{C,pre})$$

Avec $T = traitement, C = contrôle, Post = la\ valeur\ d'Y après\ le\ choc\ et\ pre = la\ valeur\ prise\ avant\ le\ choc$[66]

Exemple d'application à une expérience naturelle :

Expérience naturelle = *un choc exogène*, souvent un changement de politique ou de réglementation.

- EITC aux Etats-Unis : les but est de fournir un complément de revenu aux salariés occupant un emploi faiblement rémunéré, ciblé essentiellement sur les familles monoparentales.
- hausse de L'EITC en 1986 : quel impact sur l'emploi des femmes ?

[66] Les méthodes expérimentales. Simon Porcher IAE Gustave Eiffel. P 5

- problème de la mesure : si la croissance augmente, l'emploi des femmes augmente.
- il y a la nécessité de comparer deux groupes pour mesurer la causalité de la réforme de L'EITC sur l'emploi des femmes.
- groupe de traitement : les femmes avec enfants
- groupe de contrôle : les femmes sans enfants
- groupe pré-réforme : 1984-1986
- période post-réforme : 1988-1990

III.6.3 Doubles différences : en équations

On peut donc écrire le modèle :

$$\{Y_{i0} = \ \beta_0 + \alpha_0 T + \varepsilon_{i0} Y_{i1}$$

$$\{Y_{iO} = \beta_1 + \alpha_0 T + \alpha_1 D + \varepsilon_{i0} \ \ (1) \ldots$$

On estime ce modèle par les MCO

- α_0 Représente la différence entre le groupe de traitement et le groupe de contrôle à $t =$: $\overline{y_{t=0,T=}} - \overline{y_{t=0,T}} = 0$ (2)
- $\alpha_0 + \alpha_1$ Représente la différence entre le groupe de traitement et le groupe de contrôle à $\mathrm{t} =$: $\overline{\mathrm{y}_{\mathrm{t=1,T=1}}} - \overline{\mathrm{y}_{\mathrm{t=1,T=0}}}$ (3)
- α_1 Représente donc l'avance prise par le groupe de contrôle et le groupe de traitement entre $\mathrm{t} = 0$ et $\mathrm{t} = 1$:

$$\left(\overline{\mathrm{y}_{\mathrm{t=1,T=1}}} - \overline{\mathrm{y}_{\mathrm{t=1,T=0}}}\right) - \left(\overline{\mathrm{y}_{\mathrm{t=0,T=1}}} - \overline{\mathrm{y}_{\mathrm{t=0,T=0}}}\right) \qquad (4)$$

- on suppose que cela mesure l'effet du traitement

$$\begin{cases} Y_{i0} = \beta_0 + \alpha_0 T + \varepsilon_{i0} \\ Y_{i1} = \beta_1 + \alpha_0 T + \alpha_1 D + \varepsilon_{i1} \end{cases} \quad (5)$$

III.6.4 Doubles différences : autre stratégie

On peut donc écrire le modèle selon (Pierre ANDRE) :

Le modèle devient

$$\begin{cases} Y_{i0} = x_{i0}\beta + c_i + u_{i0} \\ Y_{i1} = x_{i1}\beta + c_i + \alpha_1 D + u_{i1} \end{cases}$$

- intérêt : on a peur que l'évolution de X soit différente entre le groupe de traitement et de contrôle pour des raisons autres que le traitement.
- X ne doit pas contenir de conséquences du traitement si on veut que α_1 mesure tout l'effet du traitement sur Y
- X ne doit pas contenir de variables constantes au cours du temps sinon, colinéaire avec les c_i

III.6.5 Comment appliquer la méthode de la double différence ?

La première étape consiste à identifier les indicateurs pertinents (effets directs et impacts) qu'il convient de mesurer dans le cadre de l'intervention qui est évaluée.

Dans un second temps, les différences relevées entre les valeurs des indicateurs du groupe expérimental avant et après l'intervention sont comparées aux différences observées au sein du groupe témoin, dans les mêmes conditions.

Par exemple, pour identifier les effets d'un programme de distribution gratuite de denrées alimentaires sur le statut nutritionnel des enfants, il faut d'abord calculer la différence moyenne au sein du groupe expérimental et du groupe témoin, puis examiner la différence entre les deux groupes, en comparant les changements de statut nutritionnel chez les enfants qui ont bénéficié de l'intervention et chez ceux qui n'ont pas bénéficié.

Comme indiqué plus haut, le groupe expérimental et le groupe témoin doivent idéalement avoir été appariés selon leurs caractéristiques, à l'aide de l'appariement sur le score de propension, afin de s'assurer qu'ils sont aussi similaires que possible.

La méthode des doubles différences est très souvent utilisée dans les applications économétriques. Son principe est très simple. Il se déduit directement du cadre des modèles à effets fixes individuels et temporels, utilisés en économétrie des données de panel. La forme du modèle est la suivante :

$$Y_{it} = \gamma T_{it} + \alpha_i + \lambda_t + \varepsilon_{it} \; avec \; i = 1, \ldots\ldots, N \; et \; t = 1, \ldots\ldots, T \qquad (1)$$

Dans cette expression, Y_{it} représente la variable de résultat pour l'agent i à $la \; date$ t, T_{it} est la variable indicatrice du traitement pour l'agent i à la date t $(qui \; vaut \; 1 \; s'ilest \; traité, 0 \; sinon)$, γ est un paramètre à estimer, qui représente l'effet du traitement (ici supposé constant), α_i est un effet individuel, λ_t est un effet temporel commun à tous les agents. Les termes

T_{it}, α_i et λ_t sont potentiellement corrélés, alors qu'ε_{it} est un aléa centré, homoscédastique, non corrélé à T_{it}, α_i et λ_t[67].

Seuls les agents appartenant à un groupe particulier (par exemple, une classe d'âge, les habitants d'une ville ou d'une région donnée, etc.) sont traités à partir de la date $t = \tau$. Ceci implique :

$T_{it} = 1\ pour\ i \in \boldsymbol{T_r}$ et $t \geq \tau$

$T_{it} = 0\ pour\ i \in \boldsymbol{C}$ ou $t < \tau$

Où $\boldsymbol{T_r}$ est le groupe de traitement et **C** le groupe de contrôle. Le principe de la méthode est d'éliminer les effets fixes et temporels à l'aide de deux différences successives. La première différence permet d'éliminer les effets fixes :

$$\Delta Y_{it} = \gamma \Delta T_{it} + \Delta\lambda_t + \Delta\varepsilon_{it} \qquad (2)$$

Où Δ est l'opérateur de différences premières défini par :

$$\Delta Y_{it} = Y_{it} - Y_{it-1}, \Delta\lambda_t = \mu_t = \lambda_t - \lambda_{t-1}, \Delta\varepsilon_{it} = \upsilon_{it} = \varepsilon_{it} - \varepsilon_{it-1}$$
(3)

En posant $t = \tau\ et\ t - 1 = \tau - 1\ (ou\ t \geq \tau\ et\ t - 1 \leq \tau - 1)$. $Si\ i \in \boldsymbol{T_r}, \Delta T_{it} = 1$, ce qui implique que $\Delta Y_{it}^{Tr} = \gamma + \mu_t^{Tr} + \upsilon_{it}^{Tr}$. $Si\ i \in \boldsymbol{C}, \Delta T_{it} = 0, ce\ qui\ implique\ que\ \Delta Y_{it}^{C} = \mu_t^{C} + \upsilon_{it}^{C}$. La deuxième différence élimine les effets temporels communs :

$$\gamma = E\left(\Delta Y_{it}^{Tr}\right) - E\left(\Delta Y_{it}^{C}\right) \qquad (4)$$

[67] Les méthodes micro-économétriques d'évaluation. Denis Fougère, CNRS, CREST-INSEE, CEPR, IZA et Banque de France (DGEI-DIR). P.25

Puisque $\mu_t^{Tr} = \mu_t^C$ et $E(v_{it}^{Tr}) = E(\upsilon_{it}^C) = 0$. L'estimateur des doubles différences est alors défini comme :

$\hat{y} = (\overline{\Delta y_{it}^T R}) - (\overline{\Delta y_{it}^c})$ (6)

Avec $\overline{\Delta y_{it}^k} = \frac{1}{N_k}\sum_{i=1}^{N_k}(Y_{i\tau}^k - Y_{i\tau-1}^k), k \in \{\boldsymbol{T}_r,\ C\}$ (7)

L'extension au cas avec covariables se fait en posant :

$Y_{it} = \gamma T_{it} + Z_{it}\delta + \alpha_i + \lambda_t + \varepsilon_{it}$ avec $i = 1, \dots, N$ et $t = 1, \dots, T$
(8)

L'estimateur des doubles différences est équivalent à l'estimateur

« within » dans le modèle projeté sur l'espace orthogonal aux effets fixes et temporels :

$$WY = WX\beta + W\varepsilon \quad (9)$$

ou $X_{it} = [T_{it}|Z_{it}], \beta = (\gamma, \delta')', W = I_{NT} - G - B_N - B_T, G = J_{NT}/NT$, J étant une matrice carrée composée de 1, $B_N = \left[\frac{I_N \otimes J_T}{T}\right] - G$ et $B_T = \left[\frac{J_N \otimes J_T}{N}\right] - G$ l'estimateur within du vecteur de paramètre β est alors :

$\hat{\beta}_{c_0 v} = (X'WX)^{-1}(X'WY)$ (10)

Et

$v(\hat{\beta}_{\mathrm{cov}}) = \sigma^2 (X'WY)^{-1}$ (11)

Les hypothèses cruciales pour la mise en œuvre de l'estimateur des doubles différences sont les suivantes :

1) les effets temporels sont supposés être communs aux deux groupes de traitement et de contrôle $(\lambda_t^{Tr} = \lambda_t^{C})$ $au\ moins\ t = \tau$ et $t_{-1} = \tau_{-1}$;

2) il ne peut y avoir ni attrition, ni sélection endogène entre (τ_{-1})et τ ; ainsi, cette méthode ne peut être appliquée à une réforme fiscale (telle que la prime à l'emploi) qui peut influencer la participation au marché du travail, variable par nature discrète ; en ce cas, certaines personnes peuvent être sans emploi en (τ_{-1}) mais employées en τ (ou l'inverse) ;

3) les termes d'erreur et les covariables sont supposées non auto-corrélés ; dans le cas contraire, l'écart-type de l'effet du traitement est systématiquement sous-estimé, comme l'ont montré Bertrand, Duflo et Mullainathan (2004) ; en cas, l'hypothèse nulle d'absence d'effet du traitement, i.e. $H_0: \gamma = 0$, est trop souvent rejetée.

La principale limite de la méthode double différence est liée au fait qu'elle repose sur une hypothèse selon laquelle les indicateurs pertinents suivent la même trajectoire chez le groupe expérimental et chez le groupe témoin.

C'est ce que l'on appelle « l'hypothèse de la tendance commune ». Si cette hypothèse en est correcte, l'estimation d'impact du programme réalisée au moyen de la méthode des doubles différences peut être considérée comme impartiale.

En revanche, si les différences observées entre les deux groupes évoluent au fil du temps, cette méthode ne permet pas de neutraliser ces différences.

En résumé, la méthode double différence est une approche intéressante permettant d'estimer l'impact quantitatif, mais elle ne permet pas, à elle seule, d'éviter un éventuel biais de sélection. La prise en compte du biais de sélection nécessite l'application d'une méthode d'appariement qui permettra de s'assurer que le groupe expérimental et le groupe témoin sont aussi similaires que possible.

Les estimations d'impact reposant sur la différence unique ou sur la double différence peuvent être calculées à l'aide de la méthode des moindres carrés ordinaires.

Cette approche est appliquée aux mêmes données appariées, y compris la variable nominale d'un programme ou d'une politique qui se trouve sur le côté droit de l'équation de régression.

Des variables relatives aux autres facteurs de confusion peuvent aussi être intégrées sur le côté de l'équation pour éliminer l'effet résiduel des différences de résultats que ces variables pourraient produire entre les zones expérimentales et les zones après appariement.[68]

[68] Méthodes et modèles quasi-expérimentaux. UNICEF, notes méthodologiques, évaluation d'impact n°8. Howard white et Shagun Sabarwal p.14

IV. Les méthodes économétriques de simulation des politiques publiques

Les méthodes précédentes ont, en général, une validité externe que l'on pourra juger contestable. En effet, elles ne permettent pas d'identifier la « vraie » relation entre la variable de traitement, mais uniquement des paramètres particuliers caractérisant cette relation.

Ainsi, la technique des variables instrumentales ne peut mesurer que l'effet du traitement pour les individus dont l'assignation au traitement (ou son intensité) est modifiée à la marge par l'instrument. Par-exemple, Chou et al. (2008) infèrent de leurs résultats des conclusions quant à l'effet d'une suppression totale de la publicité, alors que ces résultats sont basés sur les variations spatiales minimes de l'exposition à la publicité générées par les variations du prix de la publicité. De même, l'expérimentation sociale d'un dispositif, si elle n'est effectuée que dans une région, peut aboutir à des résultats qui ne seraient dans une autre région[69].

On distingue alors les évaluations économétriques ex post et ex ante des politiques publiques. Les évaluations ex post mesurent le succès ou l'échec de la politique après son implémentation, à partir de données d'observations des comportements individuelles.

Leur validité interne est un critère essentiel de robustesse. Les évaluations ex ante font de même, mais elles utilisent généralement des hypothèses

---

[69] Bruno Crépon & Nicolas Jacquemet, 2010, Econométrie linéaire appliquée, Paris : De Boeck Université, collection *ouvertures*. Richard Blundell & Monica Costa Dias, 2009, *Alternative Approches to Evaluation in Empirical Microeconomics*, Journal of Human Resources, 44(3), 565-640

plus fortes sur la manière dont les individus choisissent le traitement (ou sont assignés) et sur la manière dont ils y répondent.

Leur validité interne est souvent moins forte, car elles sont obligées de faire des choix quant à la rationalité des individus et ne cherchent pas nécessairement à identifier un contrefactuel (même si, en pratique, cela ne cherche pas nécessairement à identifier un contrefactuel (même si, en pratique, cela facilite.

Les méthodes d'évaluation suscitent, aujourd'hui encore, des débats doctrinaux qui portent notamment sur les mérites respectifs de trois grandes familles d'approches : les approches scientifiques, ou « par les preuves », les approches collaboratives et les approches managériales.[70]

Trois moments complémentaires peuvent être distingués au sein du cycle de l'évaluation, qui permet de préparer une politique ou un projet public et d'en évaluer les effets :

1) l'évaluation ex ante destinée à mesurer objectivement les conséquences des modifications législatives ou règlementaires envisagées par le gouvernement afin d'éclairer les choix effectués et le débat au parlement. C'est la finalité des études d'impact dont le contenu est défini avec précision.

   L'évaluation ex ante peut être précédée ou accompagnée d'une étude d'option visant à éclairer en amont la décision politique : estimation des coûts et de la ressource humaine mobilisée, examen des alternatives possibles y inclus le recours à une expérimentation,

[70] Voir J-P. Nioche, « les trois paradigmes de l'évaluation des politiques publiques face à l'obligation de rendre des comptes et de rendre compte », RFAP, n°160, p.1227 à 1240

définition claire des objectifs poursuivis et des critères pertinents pour l'évaluation.

2) *l'évaluation in itinere dont la finalité est de réserver et d'adapter les méthodes et les outils de politique publique au fur et à mesure des résultats obtenus.

Pour évaluer une politique in itinere ou ex post, il faut d'abord construire le référentiel de l'évaluation, puis recueillir les données pertinentes et enfin mesurer les effets propres de la politique étudiée, ce qui présuppose de les isoler.

Cette dernière opération complexe peut nécessiter de croiser des approches scientifiques différentes, éventuellement complémentaires [71] Ce processus d'évaluation continu exige de programmer les ressources humaines, financières et organisationnelles nécessaires, ce qui peut se heurter à des obstacles politiques et budgétaires.

3) l'évaluation ex post dans laquelle il ne s'agit plus de faire des simulations sur la base d'hypothèses mais de mesurer les résultats effectifs d'une politique publique mise en place. Au plan national, c'est d'abord la vocation du parlement qui peut faire appel au concours de la cour des comptes.

« Toutes les techniques de l'évaluation ex post consistent à construire statistiquement un contrefactuel, c'est-à-dire un scénario

[71] Voir le petit guide de l'évaluation des politiques publiques du conseil scientifique de l'évaluation, la documentation française. 1996

aussi proche que possible de ce qui se serait passé si la politique étudiée n'avait pas été mise en place.

La mesure de l'impact d'une politique publique compare l'application d'une politique publique à la population à ce scénario contrefactuel sur une population aux caractéristiques similaires ne bénéficiant pas de la politique publique.

Il est possible de créer des situations contrefactuelles empiriquement (approches de microsimulation ou de randomisation) ou théoriquement (approches structurelles visant à isoler l'effet d'une politique publique pour comprendre ce à quoi sa non application aurait donné lieu). On distingue les expériences aléatoires des expériences naturelles »[72]

Les méthodes d'évaluation abordées jusqu'à présent (l'assignation aléatoire, la promotion aléatoire du traitement et le modèle de discontinuité de la régression permettent d'estimer le contrefactuel sur la base de règles d'allocation des programmes qui sont connues et comprises par l'évaluateur.

Ainsi, on pose souvent des hypothèses quant à la manière dont les individus anticipent les coûts et les bénéfices du traitement avant de choisir d'y être assigné, ou sur le type d'interactions qui existent entre les agents économiques. En revanche, l'approche structurelle s'intéresse souvent à l'analyse d'équilibres de marché.

C'est ainsi qu'une bonne modélisation structurelle pourrait formuler des hypothèses sur la manière dont l'offre peut s'ajuster suite à une politique

[72] Ibid note 1

de taxation ou d'étiquetage, et les exploiter pour mieux évaluer l'effet de politiques de taxation ou de modification de l'étiquetage etc. Leur validité externe est donc potentiellement plus élevée que les méthodes classiques, pour peu que les hypothèses comportementales sur lesquelles elles sont basées aient été validées.

IV.I Echec ou succès d'une politique

Les évaluations quantitatives empiriques du type de celles qui sont décrites ci-dessus permettent d'évaluer l'impact d'un dispositif sur un ou plusieurs critères mais pas les raisons de son échec ou de son succès, ce qui est pourtant essentiel pour juger notamment de la reproductibilité dans un autre contexte.

Le recours à d'autres approches est particulièrement utile pour compléter les résultats. Nous présentons ici le principe, les forces et les faiblesses des approches structurelles et qualitatives, comparativement aux approches athéorique[73].

Les débats sont vifs dans la communauté scientifique entre les partisans de l'approche structurelle et ceux de l'approche non structurelle pour l'évaluation des politiques publiques. Ils ont été alimentés par plusieurs contributions récentes. Certains économistes cherchent néanmoins à l'instar de Sébastien Roux dans le cas français[74].

Les trente dernières années ont connu un développement très important de la microéconométrie, par le développement de la puissance de calcul

[73] Comment évaluer l'impact des politiques publiques ? Un guide à l'usage des décideurs et praticiens. Rozenn Desplatz, Marc ferracci (septembre 2016), p.29
[7474] Voir Roux, op. Cit., voir aussi Heckman (2010)

des ordinateurs, une plus grande disponibilité de données individuelles, et la plus grande demande d'évaluation des politiques publiques de la part des responsables politiques.

D'une façon générale, cette évaluation est conduite en comparant une variable d'intérêt obtenue en la présence de politique publique à la même variable d'intérêt qui aurait été obtenue sans celle-ci, c'est-à-dire en considérant une situation contrefactuelle. Il est fréquent parmi les micro économètres d'opposer deux approches lorsque l'on est confronté à un problème d'évaluation : l'approche structurelle et l'approche non structurelle.

En simplifiant très fortement, l'approche structurelle s'appuie sur une représentation explicite du fonctionnement de l'économie, se fondant sur une idée a priori des mécanismes en œuvre. L'économie est alors modélisée à partir de ces mécanismes en œuvre de la politique publique (par exemple certains paramètres gouvernant le comportement des agents, qui entreraient dans la fonction d'utilité).[75]

L'approche non structurelle vise plus directement à identifier les effets causaux d'une politique mise en œuvre, en se fondant avant tout sur l'information contenue dans les données, et en utilisant des méthodes statistiques plus ou moins sophistiquées (pouvant aller de la simple comparaison de moyennes à l'utilisation de statistiques non paramétrique).

Cette approche est particulièrement adaptée à l'évaluation de programmes mis en œuvre sur une partie de la population. Elle ne pose

---

[75] Sébastien Roux. Approches structurelles et non structurelles en microéconométrie de l'évaluation des politiques publiques. Revue française d'économie. 2015/ volume XXX/ pages 13-65

pas d'hypothèse précise sur les mécanismes économiques en œuvre et est parfois qualifiée d'a « théorique », car les résultats directement observés ne sont pas affectés par un quelconque a priori de l'économètre sur le comportement des agents.

Ces démarches sont très différentes et ont des spécificités qui sont des avantages ou des inconvénients selon le contexte pour lequel elles sont mobilisées. Heckman (2010) rappelle qu'il existe trois classes de problème d'évaluation de politique publique :

- évaluer les impacts de politiques publiques déjà mises en œuvre, en particulier sur le bien-être des individus qui sont concernés et plus généralement sur la société en général ;
- prévoir les impacts de politiques publiques déjà mises en œuvre dans les environnements donnés sur d'autres environnements ;
- prévoir les impacts de politiques publiques jamais mises en œuvre.

A l'opposé, la démarche non structurelle, qui s'appuie avant tout sur la variabilité des données disponibles et qui peut même parfois chercher à créer les sources de données les plus pertinentes lors de la mise en œuvre de politiques publiques, via des expérimentations randomisées, permettra d'apporter des réponses beaucoup plus convaincantes pour des décideurs publics quant aux effets d'une politique mise en œuvre.

Néanmoins, la généralisation à des contextes différents de ceux pour lesquels la démarche a été appliquée repose sur des hypothèses qu'il s'agit d'expliciter et qui ne seront pas forcément vérifiées.

IV.2 Exemple illustratif du modèle de Roy

Le modèle de Roy, tel qu'il est présenté par Vitlacy (2002) et Heckman (2010) et qui pourra également être utilisé pour illustrer le lien avec l'approche non structurelle. Ce modèle est naturel à mobiliser pour un économètre dont l'objectif est d'évaluer les effets d'un programme qui va s'appliquer à une partie de la population, sur la base d'une participation volontaire de la part des individus.

La première étape est de décrire le contexte, les mécanismes économiques en jeu et les stratégies des agents.

On considère une situation où les individus ont la possibilité de participer à un programme (de formation ou autre), qui se matérialise par une variable $D = 0 \; ou \; 1$. En fonction de leur choix, les agents vont percevoir un résultat Y_1 s'ils ont choisi de participer, Y_0 sinon. Ce résultat peut consister en un revenu (qui peut alors être directement observé), ou une utilité sous forme de gain en bien-être (qui nécessiterait alors une modélisation plus approfondie).

Le problème d'évaluation auquel l'économètre est confronté est qu'il ne peut pas observer simultanément $Y_0 \; et \; Y_1$ pour le même individu, quand bien même celui-ci peut disposer d'une information privée.

L'hypothèse structurelle sur laquelle se fonde le modèle est que les agents font leur choix en comparant $Y_0 \; et \; Y_1$, valeurs qu'ils connaissent ou pour lesquelles ils disposent d'une information plus précise que l'économètre (ou ont des croyances différentes). Ce comportement postulé par le modèle conduit à une sélection endogène des individus dans le traitement.

Plusieurs règles de sélection sont alors possibles :[76]

- ✓ sélection simple : $D = (Y_1 > Y_0)$, les individus choisissent de participer si le résultat qu'ils anticipent parfaitement à participer excède celui à ne pas participer ;
- ✓ sélection avec coût : $D = (Y_1 - Y_0 > C)$, toujours s'ils anticipent parfaitement les résultats, les individus ne participent que si l'écart entre le résultat à participer excède celui à ne pas participer plus un coût qui peut s'interpréter comme un coût directement lié à participer a u programme mais n'affectant pas le résultat ;
- ✓ sélection sur anticipation : on définit $\mathrm{I_D} = \mathrm{E}(\mathrm{Y_1} - \mathrm{Y_0} - \mathrm{C}|\mathrm{Inf})$ où Inf est l'information détenue par l'agent au moment de son choix. La décision est alors la suivante : $\mathrm{D} = \mathrm{I_D} > 0$. Les individus choisissent de participer si l'espérance de gain à participer excède l'espérance du coût à participer. Cette spécification est alors plus réaliste car elle tient bien compte de la difficulté des agents à anticiper parfaitement les conséquences de leurs choix.

Ces considérations définissent les mécanismes économiques en jeu ici. La structure introduite dans ces mécanismes vient de l'hypothèse sur le comportement des agents : il est supposé que leur choix dépende directement des variables d'intérêt Y_0 et Y_1, que ce soit leurs valeurs effectivement réalisées ou leurs espérances.

---

[76] Sébastien Roux. Approches structurelles et non structurelles en microéconométrie de l'évaluation des politiques publiques. Revue française d'économie. 2015/ volume XXX/ pages 13-65

Les règles de décision supposées requièrent alors que les données disponibles apportent des informations sur les variables de résultat Y, par exemple des salaires, sur le coût à participer au programme, voire sur l'information détenue par les agents au moment de leur choix.

On suppose que la règle de décision à laquelle les agents se conforment consiste en une décision sur anticipation. Il s'agit maintenant de préciser le modèle économétrique qui va permettre d'évaluer le programme. On peut commencer par proposer une représentation relativement flexible :

$$Y_0 = \mu_0(X) + U_0$$

$$Y_1 = \mu_1(X) + U_1$$

$$C = \mu_c(Z) + U_C$$

Les variables de résultats $Y_0\, et\, Y_1$ sont supposées dépendre de caractéristiques observables X dont les rendements sont représentés par les fonctions $\mu_d(.), d = 0,1, C$, qui matérialisent l'effet programme, et de variables aléatoires μ_{d^n} reflétant le caractère incertain ou hétérogène de la variable considérée.

On suppose également que le coût est une fonction de variables explicatives Z, parmi lesquelles peuvent figurer les caractéristiques X qui affectent les variables de résultats, à laquelle une variable aléatoire est ajoutée, là aussi pour en faire intervenir l'aspect incertain ou hétérogène.

De cette spécification, on déduit la règle de décision de l'individu :

$$D = (I_D > 0) = (\mu_D(Z) > -V)$$

$$\text{Où } I_D = E(Y_1 - Y_0 - C|Inf) = \mu_D(Z) + V,$$

$$\text{Avec } \mu_D(Z) = E(\mu_1(X) - \mu_0(X) - \mu_C(Z)|Inf) \; et$$

$$V = E(U_1 - U_0 - U_C|Inf).$$

La spécification à laquelle on aboutit ici est relativement générale. Elle permet de décrire le problème de sélection des individus en fonction des paramètres structurels du modèle, ici les fonctions $\mu_0(.)$, $\mu_1(.)$ et $\mu_C(.)$, des variables exogènes qui décrivent leur situation et des aléas qui reflètent l'hétérogénéité des comportements individuels, dont les seuls aspects déterministes définis par les paramètres structurels ne peuvent pas rendre compte.[77]

Cette spécification repose, outre l'hypothèse structurelle de comportement évoquée plus haut, sur le choix de spécification qui ne sont pas neutres. Le choix le plus important consiste en celui des variables X qui expliquent les résultats sous un régime ou l'autre et des variables Z qui déterminent le choix d'être traité ou non D.

Le fait d'inclure ou non certaines variables reflète des choix effectués par l'économètre parfois contraints par la disponibilité des données.

L'approche structurelle propose une représentation de la réalité économique, fondée sur une idée a priori des mécanismes économiques à l'œuvre (stratégies des acteurs, imperfections de marchés, canaux de transmission de la politique publique par lesquels se manifestent les effets).

Elle explicite les comportements d'un ou plusieurs agents économiques (entreprises, ménages, etc.) intervenant sur un ou plusieurs marchés

[77] Sébastien Roux. Approches structurelles et non structurelles en microéconométrie de l'évaluation des politiques publiques. Revue française d'économie. 2015/ volume XXX/ pages 13-65

(marchés des biens, du travail, du capital, etc.). Ces comportements décrivent comment les agents économiques réagissent à des modifications qui se produisent dans leur environnement, en modifiant les offres ou les demandes qu'ils expriment sur les différents marchés.

Ils peuvent avoir des fondements microéconomiques ou macroéconomiques. A titre d'exemple, dans un modèle microéconomique structurel de demande de facteurs de production, le coût du capital au niveau individuel sur la demande de capital via deux canaux.

Le premier canal de transmission correspond à une modification de la combinaison productive qui conduit les entreprises à substituer le capital aux autres facteurs de production quand le coût du capital baisse. La production devient plus intensive en capital : cette hausse est d'autant plus forte que les possibilités de substitution entre facteurs de production sont importantes (effet de substitution).

Le deuxième canal par lequel une baisse du coût de capital agit sur la demande de capital transite par une baisse du coût de production unitaire qui, si elle est répercutée dans les prix, se traduit par une hausse de la demande adressée à l'entreprise.[78]

[78] Comment évaluer l'impact des politiques publiques ? Un guide à l'usage des décideurs et praticiens. Rozenn Desplatz, Marc ferracci (septembre 2016), p. 29

IV.3 Le modèle de TOBIT de sélection endogène

Dès lors que l'on spécifie la loi jointe des éléments inobservés, l'estimation d'un tel modèle par la méthode du maximum de vraisemblance ne pose en général pas de problème particulier[79].

En pratique, on fait très souvent l'hypothèse que les résidus V U, 0 et U_1 suivent une loi normale de
moyenne 0 *et de matrice de variances et covariances* ?, *soit* :

$$\begin{pmatrix} V \\ U_0 \\ U_1 \end{pmatrix} \sim N \left[\begin{pmatrix} 0 \\ 0 \\ 0 \end{pmatrix}, \Sigma = \begin{bmatrix} 1 & \cdots & \\ \rho_0\sigma_0 \vdots & \sigma_0^2 \ddots & \vdots \\ \rho_1\sigma_1 & \cdots \sigma_{01} & \sigma_1^2 \end{bmatrix} \right] \qquad (1)$$

Où ? j^2 est la variance de U j j (,), = 0 1_{01} ? est la covariance entre U_0 et U_1 (qui n'est pas identifiable en coupe puisqu'en ce cas, pour chaque unité statistique, seule l'une des variables *Y et Y* est observé), et ? est le $01j$ coefficient de corrélation linéaire entre *V et U*. Sous cette hypothèse de normalité, on peut écrire l'espérance j de la variable de résultat pour les individus traités et les individus non traités à l'aide des formules suivantes :

$$P(T = 1|z) = \Phi(zy) \qquad (2)$$

$$E(y|r, z, T = 0) = a_0 + rb_0 - \frac{\rho_0\sigma_0\phi(zy)}{I - \Phi(zy)}$$

$$E(y|r, z, T = 1) = a_1 + rb_1 + \rho_1\sigma_1\, \phi(zy)/\Phi(zy)) \qquad (3)$$

[79] Les méthodes micro-économétriques d'évaluation et leurs applications aux politiques actives de l'emploi. Thomas Brodary, Bruno Crépon, Denis Fougère. Dans économie & prévision 2007/1 (n°177). Pages 93 à 118

Où ? est la fonction de densité de la loi normale standard et ? est sa fonction de répartition. Par conséquent, les paramètres d'intérêt sont dans ce cas égaux à :

$$\Delta^{TT} = a_1 - a_0 + r(b_1 - b_0) + (\rho_1\sigma_1 - \rho_0\sigma_0)\frac{\Phi(zy)}{\Phi(zy)} \qquad (4)$$

$$\Delta^{ATE} = a_1 - a_0 + r(b_1 - b_{0)} \qquad (5)$$

IV.4 Les six étapes de l'approche structurelle

L'approche structurelle peut se décomposer schématiquement en six étapes :

1ère étape : identifier les principaux mécanismes économiques à l'œuvre.

2ème étape : recenser les données disponibles pour l'estimation du modèle. Le choix dépendra des mécanismes considérés.

3ème étape : spécifier le modèle économique, explicitant les relations de comportement et le processus générateur des données (hypothèses distributionnelles des aléas).

4ème étape : estimer les paramètres structurels du modèle à partir de données microéconomiques (au niveau des individus ou des entreprises) ou macroéconomiques. Certains paramètres peuvent aussi être calibrés (c'est-à-dire se voir attribuer une valeur numérique fixe) à partir de résultats généralement issus d'approches non structurelles disponibles dans la littérature économique.

5ème étape : vérifier que les estimations obtenues sont crédibles et robustes.

6ème étape : utiliser le modèle pour réaliser des exercices contrefactuels correspondant à des simulations que l'on aurait observées en l'absence de politique publique ou avec des politiques publiques alternatives.[80]

Dans l'exemple précédent, le modèle microéconomique de demandeurs de facteurs de production repose sur quatre clés que l'économètre va chercher à estimer : l'élasticité de substitution entre les facteurs de production, l'élasticité aux prix de la demande de biens, les rendements d'échelle et le taux de marge.

Les valeurs estimées pourront servir à évaluer les effets sur l'emploi, l'investissement et la production, d'une réforme de la fiscalité pesant sur les entreprises ou les ménages. Ces effets seront obtenus en faisant varier le paramètre de la politique que l'on étudie (par exemple, le taux d'impôt sur les sociétés ou encore le taux de cotisation sociales employeurs).

Dans l'approche non structurelle, le modèle théorique permettant d'obtenir les équations estimées n'est pas explicité (il s'agit de formes réduites). Les paramètres estimés ne peuvent donc pas être interprétés. En reprenant l'exemple précédent, il ne serait pas possible, à l'aide de l'approche athéorique, de décomposer les effets obtenus en un effet de substitution et un effet de volume.

Avantages de cette approche : elle permet de comprendre les mécanismes économiques à l'œuvre. L'intérêt de l'approche structurelle est, au-delà de la seule mesure des effets, de comprendre les causes des effets de changements de politiques.

[80] Voir par exemple Crépon et Gianella (2001) pour la spécification et l'estimation de ce modèle sur données d'entreprises

En effet, l'approche structurelle permet d'interpréter les résultats en considérant les mécanismes économiques à l'œuvre, à la différence de l'approche athéorique qui se concentre sur l'identification des effets.

L'approche structurelle a deux avantages par rapport à l'approche non structurelle : elle est utile pour prévoir les impacts de politiques publiques déjà mises en œuvre dans des contextes donnés, dans d'autres contextes ; elle est également utile pour prévoir les impacts de politiques publiques encore jamais mises en œuvre.

L'approche non structurelle seule n'est pas appropriée dans ces deux cas de figure car comme nous l'avions indiqué ci-dessus, elle s'appuie sur la variabilité contenue dans les données pour évaluer les effets d'une politique publique dans un environnement précis.[81]

IV.5 Les inconvénients de la démarche structurelle

En nous référant à l'exemple du modèle de Roy, tel qu'il est présenté ci-dessus illustre bien l'un des principaux défauts de la démarche structurelle : sa très forte dépendance à la spécification conduit à choisir une représentation linéaire pour rendre compte des effets des variables explicatives sur les résultats et une distribution normale des erreurs.

La spécification présentée ci-dessus est relativement simple car n'examine que l'effet d'un programme à un instant donné, sans se poser la question des effets à long terme du programme.

[81] L'approche non structurelle d'évaluation d'impact peut toutefois contribuer à l'évaluation ex ante. Les résultats obtenus par l'approche athéorique pour un dispositif déjà appliqué peuvent être utilisés pour l'évaluation ex ante d'un dispositif similaire, de manière directe ou indirecte (pour calibrer les paramètres d'un monde structurel).

On pourrait fortement complexifier la structure en introduisant la possibilité pour les individus de choisir, ou non, de suivre une formation à différents moments de leur carrière, ce qui pourrait fortement complexifier le modèle.

Dans un autre cadre, un article influent de Keane et Wolpin (1997) modélise les choix d'éducation des individus à partir de leur entrée au collège en fonction des perspectives de salaire qu'ils peuvent en retirer.

IV.6 Approche non structurelle

La démarche non structurelle en économétrie de l'évaluation consiste avant tout à identifier l'effet causal de la politique publique à évaluer. A la différence de l'approche structurelle, l'économètre non structurel va se poser en priorité la question de la variabilité exogène présente dans les données permettant d'identifier un effet causal.

Ainsi, les économètres non structurels mettront-ils l'accent sur la recherche ou la constitution de bases de données permettant d'avoir des instruments ou variables d'exclusion crédibles en allant jusqu'à organiser des expériences contrôlées sur le terrain avec comme finalité directe de constituer des données adaptées à l'évaluation de programmes donnés. C'est notamment le cas de toutes les expériences de terrain organisées en économie du développement, à, la diffusion et au succès desquelles a grandement contribuer Esther Duflo (2009).

Une étude adoptant une démarche non structurelle s'inscrira souvent dans le champ d'une littérature abondante visant à donner un caractère général aux effets identifiés, ou alors à illustrer en quoi les résultats obtenus peuvent différer de ceux observés dans d'autres contextes.

IV.7 Le Modèle de sélectivité sur variables inobservables

Une solution alternative pour résoudre le problème de sélectivité est de recourir à une modélisation jointe des résultats potentiels $(,))y\ y$ et l'affectation au traitement T, en faisant l'hypothèse que ces trois variables 01 dépendent de termes d'erreur inobservables, potentiellement corrélés entre eux.

Ce modèle repose sur un formalisme simple. La variable d'affectation au traitement est supposée être déterminée par un indice latent T^*, appelé la propension à être traitée, cet indice étant lui-même linéairement dépendant d'un vecteur de variables explicatives Z et d'un résidu V, de sorte que l'on peut écrire :

$$T = 1(T^* > 0) = 1(Z\gamma + V > 0) \qquad (1)$$

Où ? est un vecteur de paramètres inconnu, et 1(.) est une fonction indicatrice prenant la valeur 1 si l'expression entre parenthèse est vraie, 0 sinon. Les variables de résultat latentes sont supposées être chacune engendrée par un modèle de régression linéaire de la forme :

$$Y_j = a + r_j b_j + U_j, j = 0, 1 \qquad (2)$$[82]

Où r est un vecteur de variables explicatives a priori différent de Z, b est un vecteur de paramètres associé à r, jjj etr U est un résidu centré. Dans cette écriture, on fait l'hypothèse que les éléments inobservés sont j

[82] Les méthodes micro-économétriques d'évaluation et leurs applications aux politiques actives de l'emploi. Thomas Brodaty, Bruno Crépon, Denis Fougère. Dans économie & prévision 2007/1(n°177). Pages 93 à 118

indépendants des variables explicatives r et z. on voit donc que l'évaluation dépendra in fine des choix effectués pour la modélisation.

Les paramètres bb, et ? sont des paramètres structurels et ont donc une interprétation 0 1 économique. Dans ce cadre, les expressions des paramètres d'intérêt ?^{TT} xz E yy T rz(,)(|, ,) =? = 1 0 1 et ?^{TT} rz E y y r z(,)(|,) =? 1 0 deviennent :

$$\Delta^{TT} = (r, z)$$
$$= a_1 - a_0 + r(b_1 - b_0) + E(u_1 - u_0 | T = 1, r, z) \quad (3)$$

$$\Delta^{TT} = (x, z) = a_1 - a_0 + r(b_1 - b_0) \quad (4)$$

L'intérêt central de cette modélisation est de reposer sur l'existence d'une dépendance entre les éléments inobservés affectant le traitement et les résultats potentiels. C'est la raison pour laquelle ce modèle est appelé modèle de sélection sur inobservables.

On voit que si la modélisation des résultats potentiels est structurelle, en revanche les paramètres d'intérêt ne le sont pas, puisqu'ils font intervenir la distribution des éléments inobservés $V\ U, 0\ et\ U_1$.

IV.8 L'analyse quali-quantitative comparée (AQQC) : un outil innovant pour l'étude de l'action publique[83]

L'analyse quali-quantitative comparée (AQQC) est une méthode qui a été lancée il y a une quinzaine d'années par Charles RAGIN dans un ouvrage plusieurs fois primé[84]. Il s'agit à la fois d'une technique de minimisation applicable dans l'analyse empirique de l'action publique et, plus largement, d'une approche de voie médiane.

La philosophie de base de L'AQQC est de « commencer en supposant la complexité causale la plus large et ensuite de partir à l'assaut de cette complexité. »

L'instrument qui est utilisé dans le but de réduire la complexité est l'algèbre booléenne, « l'algèbre de la logique ». Il serait impossible de donner une idée précise de tous les détails techniques et de chaque étape dans cet ouvrage. En un mot, le chercheur encodera d'abord un premier tableau de données empiriques dans lequel chaque cas est exprimé par sa combinaison spécifique de conditions[85] et par son résultat (avec les valeurs « 0 » ou « 1 ».

Ensuite, le logiciel le condensera en une table de vérité qui représente les données sous forme d'une liste de configurations, de manière plus

[83] Gisèle De Meur, Benoît Rihoux et Frédéric Varone, p. 137-148. 8/2004
[84] Ch. RAGIN, the comparative Method. Moving Beyond Qualitative and Quantitative Strategies, Berkeley
[85] Selon la terminologie de l'AQQC, une condition représente une variable explicative du phénomène.

synthétique puisque plusieurs cas différents peuvent très bien présenter la même configuration.

Enfin l'étape-clé de l'analyse est la minimisation booléenne : en utilisant l'algorithme de Quine, Mc Cluskey, le logiciel « réduit » la longue expression booléenne (qui consiste en une logique « description » de la table de vérité) en une expression plus courte (ou « formule minimale ») qui montre les régularités de l'explication du résultat par différentes combinaisons « courtes » (parcimonieuses) de conditions, les différents chemins. Ces régularités étaient d'une certaine manière « cachées » dans les données. Ensuite, il appartient au chercheur d'interpréter cette formule minimale.

En tant que technique ; L'AQQC peut être mise en œuvre grâce à son logiciel (en différentes versions successives). Jusqu'à ces quelques dernières années, la version « QCA3 », plus conviviale, a été utilisée plus fréquemment que son aînée QCA2. La quatrième version (la partie exacte ou « crisp » du logiciel fs/QCA) est encore en cours de développement mais est déjà disponible en téléchargement gratuit.

En tant qu'approche l'AQQC développe une « stratégie synthétique » qui a pour ambition « d'intégrer les meilleures caractéristiques de l'approche par cas avec celles de l'approche par variable ». En effet, d'une par l'AQQC rencontre une série de points forts de l'approche qualitative.

Le premier est sa nature holistique (globale) : chaque cas individuel est considéré comme une entité complexe (un « tout ») qui a besoin d'être compris globalement et ne doit pas être négligé en cours d'analyse. En outre, la méthode développe une caractéristique principale de l'AQQC : la causalité conjoncturelle multiple.

Cela implique que : A/ le plus souvent, c'est une combinaison de conditions qui éventuellement produisent un phénomène (le « résultat ») ; B/ plusieurs combinaisons différentes de conditions peuvent produire le même résultat ; et C/ selon le contexte, la « conjoncture », une condition peut avoir un impact différent sur le résultat.

Cela implique que différents « chemins explicatifs », chaque chemin étant pertinent de manière distincte, peuvent mener au même résultat. La causalité est donc perçue comme dépendante du contexte et de la conjoncture. Aussi, il est conseillé au chercheur utilisateur de l'AQQC de ne pas « spécifier un modèle causal unique qui correspond le mieux aux données » (ce qui arrive souvent avec la plupart des techniques statistiques classiques), mais au contraire, de « déterminer le nombre et la nature des différents modèles de causalité qui existent parmi les cas comparables »[86]

L'AQQC ambitionne aussi de rencontrer quelques points forts de l'approche quantitative[87]. Premièrement, cela permet d'analyser plus que « quelques » cas et, ainsi, de postuler des conjectures de généralisations. De plus, son analyse repose sur des outils formels : l'algèbre booléenne, qui est analytique par nature, dans le sens que l'algorithme mis en jeu par la minimisation réduira chaque cas à une série de variables (un certain nombre de conditions et un résultat).

---

[86] Ch. RAGIN, op. cit, 1987. P. 167
[87] Ch. RAGIN, op. cit , pp. 12 et ss ; G. DE MEUR et B. RHOUX ; op. cit, pp 20 et ss.

Ceci rend l'analyse totalement réplicable, c'est-à-dire que le chercheur B qui utilise les mêmes variables et fait les mêmes choix que le chercheur A va arriver aux mêmes conclusions que ce dernier. Cette qualité ouvre dès lors la voie à d'autres chercheurs pour vérifier (confirmer ou infirmer) les conclusions obtenues au terme de l'analyse. Les conclusions de l'AQQC sont donc réfutables, ce qui est une condition clé pour le progrès scientifique[88].

IV.9 Conclusion sur l'AQQC

A plusieurs égards, l'AQQC convient bien à l'étude et à la comparaison des systèmes politico-administratifs (structures et procédures institutionnelles) ainsi qu'à l'évaluation des effets induits par les politiques publiques, en particulier dans un groupe de pays ou de régions, etc.)[89] :

1) elle permet de comparer des systèmes existants ou des programmes dans une conception « petit-N » (nombre limité de cas), ce qui est souvent le cas dans le contexte européen (comparaison trans-nationales, trans-régionales et trans-sectorielles) ;
2) elle permet de tester, a priori et a posteriori, des modèles de causalité alternative (par exemple, logique d'intervention qui sous-tend une politique publique) menant à un rendement politique (mise en œuvre parfaite versus lacunaire) et à des résultats politiques (effets favorables versus défavorables).

---

[88] Popper, 1963
[89] Gisèle De Meur, Benoît Rihoux et Frédéric Varone, p. 137-148. 8/2004

Cette approche, par contraste avec les outils statistiques et économétriques classiques, permet donc l'identification de plus d'une voie pour un rendement et des résultats politiques : plus d'une combinaison de conditions peut expliquer un résultat.

Ceci est extrêmement utile dans un contexte européen, car l'expérience montre que l'efficacité politique dépend aussi bien de cadres nationaux/régionaux que de caractéristiques spécifiques à un secteur. Souvent, des traditions culturelles, politiques et administratives différentes nécessitent des procédés d'implémentation (de réformes organisationnelles, de politiques publiques, etc.) différenciées ;

3) elle permet de s'engager dans une conception quasi-expérimentale systématique (telle que recherchée par les évaluateurs de politiques publiques) : cette conception permet à l'analyste ou à l'évaluateur d'examiner sous quelles conditions, ou plus précisément, sous quelle combinaison de conditions, une politique spécifique s'avère efficace ou non ;

4) la technique est très transparente ; une fois que les données ont été dichotomisées, l'analyste ou l'évaluateur peut aisément modifier le seuil de dichotomisation pour de nouveaux tests, incluant d'autres variables, etc. Ainsi l'AQQC sera également utile pour l'évaluation pluraliste/participative, différentes équipes et parties prenantes de la politique à juger étant à même de mener parallèlement des analyses différentes, ou obéissant à des préférences différenciées, pour en confronter ensuite les résultats ;

5) elle est utile pour la synthèse d'évaluations, aussi bien que pour une méta-évaluation (évaluation d'évaluation). Basée sur l'existence et la connaissance approfondie d'études de cas (qualitatives) que représentent ici les diverses évaluations analysées, l'AQQC permet d'accomplir une analyse comparative systématique de celle-ci et de leurs enseignements.

IV.10 Synthèse sur l'évaluation des politiques publiques

On distingue traditionnellement trois temps dans le processus d'évaluation, selon l'avancement de l'action publique à évaluer.

L'évaluation a priori (ou ex-ante) intervient avant la mise en œuvre d'une action publique. Elle permet d'identifier, l'analyse et de mieux comprendre les effets prévus de cette action dans le temps, de vérifier si ces effets sont conformes aux objectifs poursuivis et de situer l'action publique envisagée par rapport à une autre en termes d'efficacité. Elle apporte, ainsi une aide à la décision de réaliser ou non cette action.

L'évaluation concomitante (ou in-itinere) intervient durant le déroulement de l'action publique, pendant sa mise en œuvre. Elle permet de vérifier si les résultats escomptés sont en train d'être atteints, si les effets prévus sont ceux qui avaient été estimés initialement et s'il n'y a pas d'effets imprévus. Le cas échéant, elle permet d'ajuster l'action publique évaluée.

L'évaluation a posteriori (ou ex-post) intervient suite à la mise en œuvre d'une action publique et s'intéresse aux effets réels de cette action pour ensuite les comparer aux effets prévus initialement. L'atteinte des objectifs fixés à l'action est regardée et les écarts analysés. Grâce aux enseignements qu'elle fournit, elle permet enfin de « corriger » l'action sur ses effets indésirables et nourrit l'élaboration et l'évaluation d'actions similaires futures[90].

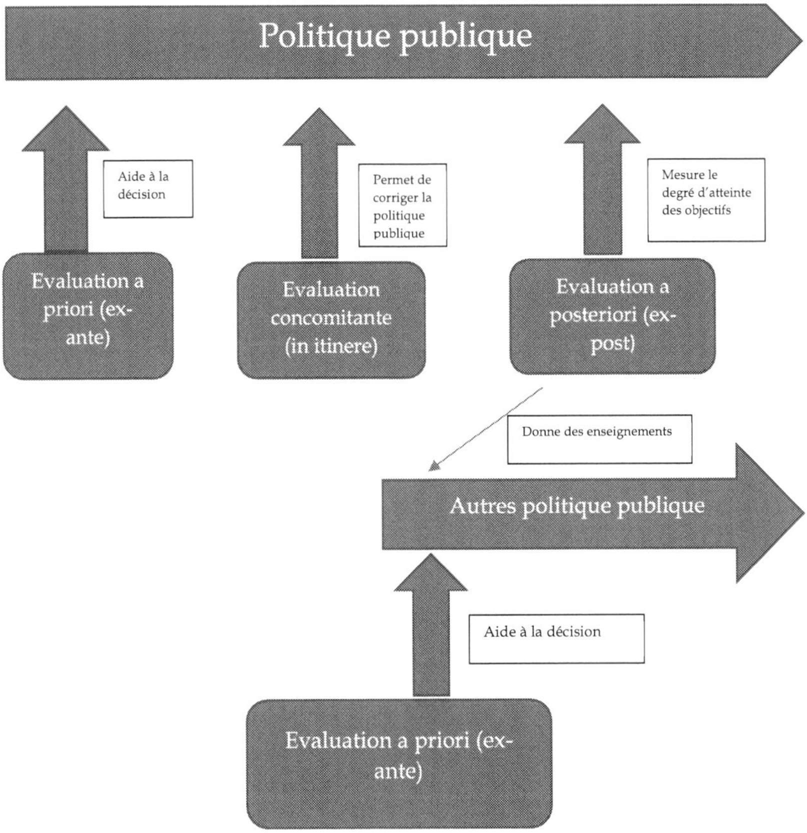

[90] L'évaluation, outil de pilotage des politiques publiques. Sous la conduite de Géraldine BONNET. Collection essentielle. N°10, P. 8

Pour évaluer, il faut structurer le travail évaluatif. En effet, pour essayer de porter un jugement sur une politique publique, il convient de décrypter les relations de causes à effets de cette politique (autrement dit la théorie d'action de la politique publique). Cette dernière permet de définir le référentiel de l'évaluation, c'est-à-dire les normes par rapport auxquelles on jugera que la politique est efficace ou efficiente.

Au lieu de se lancer dans une collecte d'indicateurs tous azimuts, il faut commencer par une première observation et récolter les données auprès de l'institut national des statistiques du pays et, outre les services statistiques, les données propres à partir d'enquêtes sur le terrain, d'entretiens. Puis la phase d'analyse des données permet d'estimer les effets, de croiser les informations qualitatives et quantitatives. Enfin le jugement de synthèse peut être émis après avoir structuré, observé et analysé les données.

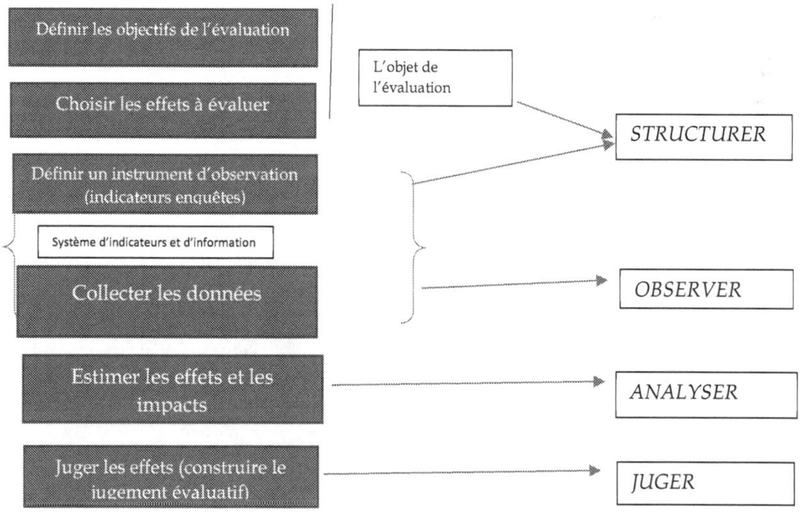

Source : Farid HADJAB

Pour structurer une évaluation, plusieurs outils existent : les graphes d'objectifs, les diagrammes logiques d'impacts, l'analyse des forces faiblesses, opportunités menaces (matrice AFOM)[91]

La matrice AFOM est un outil qui vient du monde industriel. Elle se constitue autour de quatre cases « atouts, faiblesses, opportunités, menaces ». C'est une bonne synthèse du diagnostic stratégique.

Elle combine les éléments internes et externes au territoire (ce qui est lié à l'environnement du territoire). Elle peut aussi avoir une dimension prospective (ce qui va venir). Elle permet de faire la synthèse des outils mobilisés (indicateurs, avis d'experts...). Elle se prête bien à des démarches participatives (elle peut être construite en groupe de travail, être mise en débat). Elle permet enfin de bien préparer le passage à l'élaboration des orientations ou de la stratégie à partir des questions suivantes :

- comment maximiser les forces ?
- comment minimiser les faiblesses ?
- comment utiliser les forces tirer des opportunités ?
- comment corriger les faiblesses en tirant parti des opportunités ?

A partir de ces questions, il est facile, en termes d'animation, de basculer vers l'action. La meilleure utilisation possible des outils tels que le diagnostic stratégique, la prospective territoriale, le suivi et l'évaluation, est d'en faire des étapes d'un projet de territoire.

[91] Réseaux Rural Auvergne, mémo réseau : groupe de travail « évaluation des politiques publiques p. 8

Ces étapes interviennent à des temporalités différentes mais elles s'alimentent les unes des autres (comment passer du diagnostic à la stratégie ?). Toutes ces démarches contribuent à « l'ingénierie intégrée du territoire ». Ces démarches renforcent la capacité d'un territoire à prendre du recul sur lui-même, sans toujours faire appel à un expert externe.

La contribution de ces démarches au renforcement de l'ingénierie incorporée sera plus ou moins maximisée par :

- le caractère global et stratégique ou territorial de chacune de ces étapes (plutôt qu'une approche trop sectorielle, segmentée),
- les démarches doivent être participatives et appropriées (et non pas techniques et réservées à un échantillon d'acteurs techniques ou très reportées sur un prestataire externe qui fait l'évaluation ou qui écrit la stratégie),
- l'optimisation de la temporalité par rapport aux échéances de la vie du territoire et notamment la contractualisation. Il faut arriver à anticiper l'évaluation pour qu'elle soit utile pour la nouvelle stratégie mais cela pose parfois problème car les projets antérieurs ne sont pas terminés.

IV.10.1 Les acteurs et leur place respective dans le processus d'évaluation.

La place des acteurs mobilisés dans un processus d'évaluation d'une mesure publique a connu de fortes évolutions depuis les premiers travaux d'évaluation remontant au début des années 1900 aux Etats-Unis. En effet, différents acteurs sont impliqués dans le processus d'évaluation. Arnaud et Boudeville (2004) en distinguent 4 grands types :

1) le commanditaire (ou maître d'ouvrage) qui est le décideur public et qui commande l'évaluation. On peut aussi y associer l'opérateur public qui est responsable de la mise en œuvre de la politique.

2) les bénéficiaires de la politique publique. Il s'agit d'abord des publics concernés directement par la mesure, mais également des personnes morales ou physiques qui bénéficient, de par leur type d'activité, de la politique publique, dont les opérateurs privés (tout opérateur privé étant un bénéficiaire, mais l'inverse n'est pas vrai).

3) le comité de pilotage, qui surveille le déroulement de l'évaluation (contrôle qualité), valide l'ensemble des écrits de l'évaluateur, s'assure de l'accès de l'évaluateur aux ressources nécessaires pour la bonne mise en œuvre de son travail.

4) le chargé d'évaluation (ou maître d'œuvre), qui mène l'évaluation. Il peut être interne ou bien externe à l'administration commandant l'évaluation.

A partir de la définition de ces différents acteurs, Baron et Monnier (2003) différencient les évaluations « managériales » des évaluations dites « participatives », ces dernières présentant la particularité d'être coproduites par des tiers.

Dans les approches « managériales », l'administration responsable de la gestion de la politique publique décide du contenu de l'évaluation et en pilote les travaux, le jugement final étant produit par l'équipe d'évaluation.

Baron et Monnier (2003) considèrent deux dimensions permettant de distinguer plusieurs types d'évaluation participative[92] :

a) la largeur de la participation, ou diversité des acteurs impliqués dans le processus,

b) leur degré d'implication dans les différentes phases du processus d'évaluation (définition du projet d'évaluation, cahier de charges, pilotage des travaux, analyse et interprétation des données collectées, recommandations).

L'évaluation « co-produite » réunit un petit nombre d'acteurs mais les associe à un grand nombre d'étapes du processus de l'évaluation. L'évaluation « pluraliste », à l'inverse, mobilise un large éventail d'acteurs mais qui ne sont impliqués que dans certaines étapes.

Finalement, les évaluations « émancipatrices » combinent les caractéristiques des deux précédents types, en associant de nombreux

---

[92] L'évaluation des politiques publiques. Retour sur l'expérience française et les conceptions syndicales. Nicolas Fleury. (Octobre 2011). P. 8

acteurs concernés par une politique à de nombreuses phases du processus d'évaluation des politiques publiques (EPP).

Cela revient, au final, à identifier 4 grands types d'EPP.[93] Il faut noter qu'en pratique, l'ouverture pratiquée correspond souvent à une relative pluralité d'acteurs au sein du comité de pilotage de l'évaluation.

La méthodologie scientifique mobilisée. Les approches scientifiques habituellement employées pour évaluer une politique publique peuvent correspondre, de manière schématique (L'Horty et Petit, 2010) :

a) aux analyses statistiques employées par les économistes qui exploitent des bases de données composées de nombreuses observations,

b) ou bien à des analyses d'ordre qualitatif souvent menées par des sociologues ou des politologues, basées sur de « petits » échantillons sur lesquels sont menés des entretiens poussés.

Le premier type d'approche est privilégié dès les premiers travaux d'EPP en Amérique du Nord. Le second type, plus qualitatif et participatif, profite d'une certaine remise en cause des études quantitatives (coût et durée élevés pour des résultats mitigés) dans les années 1980 pour se développer (Perret, 2003).

[93] Ces grands types étant les évaluations managériales, les évaluations coproduites, les évaluations pluralistes, les évaluations émancipatrices. On doit noter que Baron et Monnier (2003) parlent également de 5 « générations » d'évaluation, les 3 premières correspondant à des évaluations de type managérial, les évaluations « coproduites » ou « pluralistes » en constituant la 4ème génération relevant d'un type d'évaluation « émancipatrice »

L'approche d'évaluation quantitative est souvent perçue comme le modèle « canonique » d'évaluation, où l'évaluation est menée en répartissant les individus objets de l'étude parmi plusieurs groupes : un ou plusieurs groupes test, et un groupe témoin, le « contrefactuel », auquel fait référence pour quantifier l'impact « net » d'une mesure publique.

L'expérimentation sociale associée à un dispositif d'évaluation constitue une autre approche de l'évaluation des politiques publiques. Cette méthodologie consiste à tester une action ou une mesure économique et/ou sociale sur une population restreinte et pour une durée déterminée afin d'évaluer son impact, pour, le cas échéant, généraliser cette action à l'ensemble des populations définies comme cibles si la mesure a été évaluée comme efficace.

La diffusion des travaux d'Esther Duflo[94] sur l'expérimentation sociale pour la lutte contre la pauvreté a joué un rôle important dans la diffusion de ces pratiques (L'Horty & Petit, 2010).

Une évaluation associée à une expérimentation sociale suppose la mise en œuvre d'un partenariat durable entre au moins deux acteurs, le porteur de projet (l'Etat, collectivité territoriale, établissement public, association) et l'évaluateur, cabinet de conseil ou centre de recherche (Guide méthodologique pour l'évaluation des expérimentations sociales, 2009).

Enfin, un protocole d'évaluation doit être construit en amont de l'expérimentation, qui décrit le déroulement de l'expérimentation et de son évaluation et « précise les modalités de constitution des groupes tests

[94] Economiste française spécialisée en économie du développement, Esther Duflo dirige le Abdul Latif Jameel Povery Action Lab (J-PAL) du Massachussetts Institute of Technology et est la première titulaire de la chaire « savoirs contre la pauvreté » du collège de France. Prix Nobel d'économie.

et témoins, les effectifs de chaque groupe en tenant compte de l'attrition éventuelle durant l'expérimentation, le déroulement des interrogations ou des enquêtes qui vont permettre de collecter des données tout au long de l'expérimentation » (L'Horty et Petit, 2010, p.11).

Ce type de projet d'expérimentation sociale-évaluation, limité dans le temps et dans l'espace, a pour vocation d'être généralisé en cas de résultat probant.

IV.10.2 La forme de l'évaluation : évaluation de processus vs évaluation d'impact

L'évaluation d'impact permet d'étudier l'impact d'une action publique sur une variable « d'impact » ou « objectif ». L'évaluation de processus a quant à elle pour objet d'analyser en profondeur, de « lever le voile » sur la manière dont s'est mise en place et appliquée l'action publique, en insistant sur le jeu et la coordination des différents acteurs impliqués. Elle correspond, de ce point de vue, à une analyse de type qualitative ; elle peut logiquement déboucher sur une évaluation endo-formative[95].

V. Analyse des politiques publiques en Afrique

Si la littérature sur l'analyse des politiques publiques se développe sur le continent, elle suit des tendances très différentes dans le champ anglophone et dans la recherche française et francophone.

---

[95] L'évaluation endo-formative, nécessairement en continu ou intermédiaire, vise à améliorer les performances de l'action évaluée en faisant un retour aux parties concernées, afin que celles-ci puissent modifier leur conduite et leur efficacité.

Mouhamadou M. LY, Bertrand Bio Mama, Onasis Tharcisse A. Guèdègbé, en mars 2019, ont prouvé que l'évaluation d'impact des projets et programmes de développement est un exercice qui est de plus en plus adopté dans les pays en développement notamment ceux d'Afrique subsaharienne.

Entre autres facteurs explicatifs, il y a la rareté des ressources allouées au développement mais aussi la nécessité de mieux connaître les contraintes structurelles au développement. Saisissant l'occasion de la première conférence de west Africa Capacity building and Impact Evaluation Programm (WACIE-3ème), qui a eu lieu les 28 et 29 janvier 2019, à Cotonou, au Benin, avec la participation du Policy Center for the New South (PCNS), cette contribution situe le débat de l'évaluation d'impact aussi bien sur le plan théorique avec les différentes approches mais aussi sur les aspects pratiques de cet exercice.

Pour la zone UEMOA, les données du WACIE montrent qu'à partir de l'année 2008 le nombre d'études d'évaluation d'impact a significativement augmenté mais comparé aux autres régions du continent des défis importants demeurent.

Des pistes d'actions sont proposées pour une meilleure compréhension et appropriation de l'évaluation d'impact par toutes les parties prenantes. Le début des années 2000 a enregistré une progression remarquable des évaluations d'impact dans le milieu du développement au plan international.

L'Afrique n'est pas restée en marge de cette dynamique. L'avènement des objectifs du Millénaire pour le développement (OMD) en 2000, la déclaration de Paris sur l'efficacité de l'aide en 2005, ainsi que le programme d'actions d'Accra en 2008 sont autant de facteurs qui expliquent cette tendance à la hausse des évaluations d'impact à travers le continent.

Toutefois, un rapport sur les tendances en Afrique subsaharienne publié par l'Agence française pour le Développement (AFD) en 2010, souligne une faible implication des chercheurs africains dans les évaluations d'impact, les évaluations et des disparités entre pays anglophones et francophones.

Selon ce rapport, les évaluations d'impact en Afrique sont largement conduites dans les pays anglophones (principalement le Kenya et l'Ouganda) comparativement aux pays francophones qui ne couvrent que 18% des évaluations recensées dans cette étude. De plus, seulement 11% des études au niveau continental ont un auteur africain ayant participé à la rédaction du document de recherche.

Les travaux anglophones ont une orientation opérationnelle très forte et sont les héritiers directs des *policy sciences*.[96] Ils sont quasi exclusivement inspirés par les outils et les débats de l'analyse des politiques publiques en science politique et par les approches managériales se focalisant notamment sur le rôle et le fonctionnement des administrations (voir par exemple Grindle, 1980 ; Juma et clark, 1995 ; Ayee, 2000 ; Roux, 2002 ; Kalu, 2004 ; Kpessa, 2011 ; Imunrana et al., 2014).

---

[96] OAFD. Papiers de recherche. Dominique DARBON, Rozenn NAKANABO DIALLO, Olivier PROVINI, Sina SCHLIMMER 2019-98 P.6

Cette approche des politiques publiques, liée aux questionnements, aux méthodes et aux outils de la science politique, a des conséquences décisives sur les résultats et les débats académiques.

Elle s'interroge directement sur la gouvernance, sur la théorie du changement, sur les modalités de constitution des réseaux de politiques publiques, sur l'implémentation des programmes, la participation citoyenne, la mise sur agenda, la managérialisation des affaires publiques, etc. Il n'y a donc guère de surprise à constater la grande proximité qui existe entre les prescripteurs de politiques publiques et les analyseurs au point que les deux perspectives tendent parfois à se confondre.

Réfléchir à la question du transfert de l'outil méthodologique et conceptuel de l'analyse des politiques publiques vers les terrains extra-occidentaux et notamment africains est une perspective de recherche relativement nouvelle qui n'en ressuscite pas moins la vieille querelle entre universalisme et culturalisme très courante dans les sciences sociales[97].

Inversement, les analyses françaises et francophones associent, dans une tradition de recherche marquée par les « approches par le bas » des années 1980 dans l'étude du continent (Bayart, 1981), des inspirations d'anthropologie et de science politique portant tant sur les jeux de pouvoirs et sur des aspects sectoriels que menant des réflexions à portée générale (voir par exemple les propositions de Darbon, 2004).

Ainsi, à la différence de la littérature anglophone, ces analyses ont globalement la particularité d'avoir peu mobilisé les outils, les résultats et

[97] Article de Patrick WAFEU TOKO, l'analyse des politiques publiques en Afrique, année académique 2008-2009, p. 1

les appareils théoriques construits par l'analyse des politiques publiques. Néanmoins, une différence existe entre les travaux des anthropologues et des politistes.

Si les recherches des anthropologues se sont détachées des débats structurant la sou-discipline, il y a chez les politistes des tentatives de mobiliser ces outils, même si l'analyse reste toujours affectée par les approches « par le bas », par les perspectives anthropologiques spécifiques à l'institutionnalisation des études africaines en France et s'est finalement rarement référée aux approches managériales et organisationnelles[98].

En conclusion, l'effet d'une politique dépend, d'une part, des mécanismes économiques à l'œuvre au moment de et pendant sa mise en œuvre et, d'autre part, de l'environnement économique et social.

Comme nous l'avions indiqué plus haut, l'approche ex ante par expérimentations, lorsqu'elle est appliquée dans les règles de l'art, permet d'observer les impacts sur les comportements des populations visées. Cependant, la combinaison de ces modifications, compte tenu de l'évolution naturelle de l'environnement économique et de l'application de la mesure à toute la population, peut aboutir à des effets agrégés différents de la simple agrégation des extrapolations des observations individuelles sur la population de l'expérience.

Les évaluations in itinere ou ex post souffrent aussi de limites similaires. Lorsque la politique a des objectifs qui portent sur des populations particulières, le suivi temporel de panels d'individus issus de ces

[98] OAFD. Papiers de recherche. Dominique DARBON, Rozenn NAKANABO DIALLO, Olivier PROVINI, Sina SCHLIMMER 2019-98 P.8

populations est coûteux et susceptible d'attrition sensible si les populations sont en difficultés.

Les limites d'approches sociologiques sont d'une autre nature et liées à la petite taille des groupes de personnes suivies. Lorsque la population concernée par les objectifs est large, la construction de contrefactuels pour identifier l'impact de la politique nécessite des hypothèses dont il faut asseoir la pertinence.

Au total, le bilan tiré d'un ensemble d'évaluations ne peut en général être catégorique, car il y a trop de paramètres à contrôler pour envisager d'identifier les effets univoques d'une décision. Des évidences empiriques peuvent être accumulées par des approches variées et permettre de construire une conviction.

Toutefois, il convient de demeurer modeste. Comme il a déjà été évoqué, le pluralisme des approches est une source légitime de la synthèse qui peut être produite. D'autre part, il est raisonnable de vérifier que le travail d'une équipe d'évaluation respecte l'état de l'art, en quelque sorte qu'il y ait une contre-expertise, mais aussi que plusieurs angles d'attaque ont été utilisés pour illustrer la nature multidimensionnelle des impacts d'une politique.

D'autre part, la plupart de ces approches s'appuient sur des corpus académiques dans le cadre de l'individualisme méthodologique ou d'une forme institutionnalisée de cadre (Agassi, 1975). Certains acteurs publics peuvent être critiques vis-à-vis de ce corpus et cadre, voire y être réfractaires.

La légitimité des enseignements d'une évaluation repose donc sur la multiplicité des approches scientifiques mobilisées, la transparence et l'indépendance de leur mise en œuvre. Ces enseignements ne constituent pas un jugement des objectifs d'une politique[99].

Ils apportent des éléments d'observations sur le fait que les objectifs ont été (ou seront) atteints, sur les conditions de mise en œuvre (opportunité, adéquation aux circonstances) et sur les mécanismes possibles qui ont pu (ou pourraient) mener aux résultats observés, compte tenu de l'environnement.

Ils peuvent aussi illustrer des impacts non souhaités en prenant en compte des populations non visées par les mesures ou des horizons plus longs. Ils informent le public et le décideur pour que ces derniers construisent leur conviction sur le fait que la politique est ou était opportune ou non.

C'est un exercice démocratique difficile qui demande pédagogie et rigueur. L'expression des résultats n'est pas par nature aisément fongible dans un discours politique qui cherche la simplicité pour convaincre et usuellement veut cliver.

L'exercice d'évaluation peut être vu comme un affaiblissement du discours idéologique, dans la mesure où il peut souligner qu'une mesure idéologiquement inscrite dans un programme peut ou a pu du fait des circonstances se révéler avoir un effet très incertain, voire contraire (en relatif ou en absolu) à l'objectif affiché, et qu'il serait ou eut été collectivement préférable de s'en abstenir compte tenu des effets induits,

[99] L'évaluation des politiques publiques : qui et comment ? Stéphane Gregoir dans Economie & prévision 2014/1-2 (N° 204-205). Pages 211 à 224

ou encore qu'il est, compte tenu des évidences accumulées, collectivement préférable de l'arrêter.

Il peut faire apparaître des incohérences entre les objectifs poursuivis ou le fait que des effets pervers identifiés et minimisés lors de l'évaluation ex ante ont eu des conséquences sensibles. Cet exercice peut aussi amener à souligner des inadéquations de moyens ou d'organisation de l'administration qui sont susceptibles d'affecter une partie de l'électorat traditionnel d'un parti.

Il peut ainsi être perçu comme une contrainte du discours politique. Enfin, le calendrier d'un travail d'évaluation n'est pas le calendrier de la vie politique et des cycles électoraux. Le principe d'une évaluation peut entraîner des délais, par exemple lors d'expérimentations qui ne sont pas compatibles avec un agenda gouvernemental.

Il peut aussi générer des difficultés en termes de communication lors de la mise à disposition de résultats susceptibles d'usage politicien à proximité d'une échéance, du fait d'une exposition différente des partis en lice. Il peut donc y avoir des réticences politiques à l'institutionnalisation d'une fonction évaluatrice.

Institutionnalisation qui renforcerait sa légitimité et sa visibilité. Pour faire progresser le débat, il faut mettre en balance les apports d'une telle institutionnalisation. Ils sont plusieurs ordres. Même si elle implique plusieurs acteurs à la mission bien définie, cette institutionnalisation doit permettre une accumulation des expériences, tant dans la méthodologie à mettre en œuvre pour mener les évaluations que dans les modalités et consignes des mesures de politiques nouvelles.

Elle peut autoriser des méta-analyses. Une professionnalisation et une diffusion des bonnes pratiques deviennent possibles. Le recours à des acteurs privés dans ce cadre pour les évaluations banalisées permet de démultiplier les résultats et d'en contrôler la qualité et le coût.

L'évaluation prend alors une place légitime dans les mécanismes de préparation et de bilan de la décision publique. Elle enrichit le débat politique d'une manière différente. Un bilan des évaluations passées et de la façon dont leurs enseignements ont été pris en compte pourrait aider à construire la sensibilité des acteurs à l'utilité de la démarche et réduire les réticences.

C'est une approche constructive qui demande du temps. Ce serait d'autant plus aisé qu'un ou des acteurs en charge serai (en) t identifié (s) et valoriserai (en) t les résultats obtenus. Il faut communiquer sur des exemples simples et pédagogiques.

V.1. Résultats de la recherche sur l'analyse des politiques publiques en Afrique

Trois principaux résultats de la sociologie de l'action publique sur le continent peuvent être présentés : l'enjeu de la cartographie des acteurs, la focale sur les catégories d'acteurs et la problématique de la circulation des politiques publiques.

1) **l'enjeu de la cartographie des acteurs afin de circonscrire une « action publique éclatée »**

L'étude des politiques publiques en contexte africain et en science politique a essentiellement adopté une approche en termes de sociologie de l'action publique, pour reprendre une terminologie avant tout francophone de la littérature.

Comme défini Patrick Hassenteufel, la sociologie de l'action publique permet de saisir « le poids accordé aux interactions d'acteurs au sein de l'analyse des politiques publiques qui découle de leur multiplication, de l'interpénétration des différents niveaux d'action (infranationaux, nationaux et supranationaux), de l'érosion des frontières entre public et privé, du changement des modes d'intervention étatique (libéralisation, régulation, contractualisation, délibération) et du rôle croissant des politiques procédurales et incitatives.

La sociologie politique de l'action publique repose sur l'analyse contextualisée d'interactions d'acteurs multiples et enchevêtrés à plusieurs niveaux, du local à l'international, permettant de penser les transformations des Etats contemporains » (2011, p. 25).

Cette formalisation d'une approche bien connue sur les terrains africains, notamment à partir des analyses des dynamiques du haut, du bas du dedans et du dehors de Georges Balandier (1970, 1970), est particulièrement bienvenue dans les Etats et sociétés africaines afin de souligner la construction et la négociation partagée des problèmes et des solutions par un ensemble d'acteurs étatiques comme non-étatiques, permettant de saisir la configuration et la transformation des Etats sur le temps long.

Dans des contextes des d'Etats sous régime d'aide internationale (partenariats bilatéraux et multilatéraux avec des organisations financières internationales ou des bailleurs de fonds), les politiques publiques génèrent une multiplication d'acteurs, dans la fabrique, la mise en œuvre comme dans l'évaluation de l'action liés à des projets de développements avec lesquels elles sont entrelacées.

L'un des enjeux pour faciliter le dialogue entre les praticiens et les chercheurs est d'ailleurs de s'entendre sur la définition des termes : les premiers différenciant généralement les politiques publiques des projets de développement quand les seconds considèrent les programmes de développement comme faisant partie intégrante de l'action publique (Griffiths, 2003). La sociologie de l'action publique confirme ainsi la production, multi-acteurs des politiques, et la remise en cause d'une logique linéaire.

On observe, sur le continent, une « action publique éclatée » (Lascoumes, 1996, p. 334), marquée par des logiques de « self-organized institutions » (Ostrom, 1990), par une multitude d'acteurs, de programmes et des projets enchevêtrés et a priori peu régulés par des Etats à faibles capacités.

La sociologie de l'action publique permet donc de reconsidérer la marge de manœuvre de l'Etat vis-à-vis des autres acteurs, notamment supranationaux, du fait de sa « liberté sous contrainte » (Enguéléguélé, 2008, p. 13).

Les travaux récents en science politique soulignent bien que l'Etat est donc « toujours là, mais autrement » (Massardier, 2003, p. 9), après sa négation dans la littérature par choix idéologique (option néolibérale) ou par constat de son incapacité et de sa faiblesse (option de l'Etat dit fragile).

Les contextes africains d'action publique, peut-être plus qu'ailleurs, se configurent ainsi par « un entrelacement d'actions multiples, complémentaires et contradictoires, et négociées » (Massardier, 2003, p. 89).

2) Une focale sur les différentes catégories d'acteurs dans les processus de politiques publiques.

Toujours dans cette volonté et cet enjeu d'identifier les acteurs structurant l'action publique, certains auteurs se sont attachés à définir plus précisément les différentes catégories d'acteurs pouvant être rencontrés dans les configurations de politiques publiques sur le continent (Keeley et Scoones, 2000 ; Sarrasin, 2002).

Ces auteurs croissent la diversité des acteurs avec leur différentiation en utilisant la référence au pouvoir. Ils montrent comment certains imposent leur domination en contrôlant des zones d'incertitudes (Crozier et Friedberg, 1977) et des interfaces consacrant leur situation de nœuds centraux dans les réseaux. La notion de « courtier » de développement, reprise de la sociologie des organisations, de l'administration et de la décision, a par exemple servi de catalyseur en Afrique pour identifier ces acteurs à l'interface entre le niveau local, national et international (Bierschenk, Chauveau et Olivier de Sardan, 2000).

Cette notion de « courtier » définit un groupe d'acteurs sociaux jouant un rôle singulier dans l'acquisition de la rente de développement : « il s'agit des intermédiaires entre des « donateurs» et des « bénéficiaires » potentiels de l'aide au développement les « courtiers locaux en « bénéficiaires » potentiels de l'aide au développement, les « courtiers locaux en développement » sont ces acteurs sociaux implantés dans une arène locale (dans laquelle ils jouent un rôle publique plus ou moins direct) qui servent d'intermédiaires pour drainer (vers l'espace social correspondant à cette arène) des ressources extérieures relevant de l'aide au développement » (Bierschenk, Chauveau et Olivier de Sardan, 2000, p. 7). L'analyse en termes de courtier, et plus tard centrée sur les acteurs aux différentes échelles de la chaîne de production des politiques publiques.

Les acteurs, quels que soient leur statut, leur espace d'intervention et leur moment d'implication dans la chaîne de production de l'action publique, de la définition à l'implémentation, mettent en œuvre des stratégies d'accumulation des ressources et de lutte pour le pouvoir.

Cette notion de courtier a suscité le développement de quelques concepts similaires, comme « acteurs nationaux intermédiaires-importateurs (Latourès, 2008), « acteurs intermédiaires » (Demange, 2010) ayant pour objet d'identifier ces agents opérateurs qui facilitent les passerelles » (Provini, 2016) ayant pour objet d'identifier ces agents opérateurs qui facilitent les processus de transnationalisation de l'action publique au sud puisqu'ils se situent à l'interface de plusieurs univers institutionnels et de sens (Ségalini, 2014). Ces observations s'inscrivent dans la lignée des études insistant sur la multipositionnalité des acteurs, c'est-à-dire sur leur capacité à intervenir sur plusieurs espaces et à décliner leur multi-appartenance à plusieurs groupes et systèmes de normes en même temps.

L'accent sur les trajectoires individuelles de ces acteurs multipositionnés permet de souligner le rôle central de la relation entre ces acteurs dans les politiques publiques. En effet, « les liens transversaux dans l'espace public sont loin d'être toujours le résultat de procédures publiques encadrées par le droit et mises en œuvre par des agents professionnels.

Ils se constituent le plus souvent de façon informelle dans la succession des rencontres organisées entre représentants chargés d'agir pour le compte d'institutions formelles » (Nay et Smith, 2002, p. 5). Au-delà des acteurs, ce sont ainsi les réseaux et les liens qui se tissent qui deviennent des enjeux majeurs de la production des politiques publiques et de leur analyse.

La confrontation de cette sociologie des réseaux et des liens faibles (Granovetter, 1973) avec les travaux insistant sur les phénomènes clientélistes, le néo-patrimonialisme (Médard, 1991 ; Blundo et Olivier de Sardan, 2001) et les dépendances sociales est susceptible de générer un dialogue très fructueux (Chartier, 2016)[100].

3) la question de circulation des politiques publiques dans les pays sous régime d'aide.

Cette multipositionnalité infranationale, nationale et internationale des acteurs s'explique notamment par la situation des Etats africains caractérisée par une forte « dépendance » financière et en ressources humaines à l'égard de l'aide internationale et des investisseurs privés étrangers (Edwards, 2014).

Les études ont démontré que les agendas des organisations internationales et des bailleurs de fonds sont porteurs de reconfigurations de sens, de narrations, de programmes et d'instruments de politique publique (Ambrossetti, 2009).

[100] OAFD. Papiers de recherche. Dominique DARBON, Rozenn NAKANABO DIALLO, Olivier PROVINI, Sina SCHLIMMER 2019-98. P.13

Par exemple, certains auteurs se questionnés sur la diffusion du référentiel du marché dans les politiques publiques dans le cadre des conditionnalités de l'aide internationale.

Eve Frouilleux montre le rôle central de la Banque mondiale dans la fabrique des politiques publiques globales et écrit : « l'influence et le leadership cognitif de la Banque mondiale s'est ainsi tout particulièrement affirmé à partir du début des années 1980 quand elle a lancé les programmes d'ajustement structurel pour les imposer aux pays en développement en contrepartie de nouveaux prêts ou de l'échelonnement d'ancien prêts.

De facture extrêmement libérale, ces programmes reposaient sur des mesures de réduction des dépenses publiques, privatisations massives, réduction des subventions publiques, blocage des salaires.

Ils se déclinaient en programmes sectoriels dans les différents domaines de politique publique » (Fouilleux, 2015, p. 304 ; voir également Stone, 2000). Ces questionnements et ces résultats font écho aux travaux, au Nord comme au Sud, sur les politiques publiques multilatérales (Jobert, 1994 ; Petiteville et Smith, 2006 ; Stone, 2008 ; Buthe et Matili, 2011 ; Eboko, 2015) et le rôle singulier des institutions financières internationales dans le contrôle du savoir expert via par exemple le Global Development Network et plus spécifiquement dans la fabrique et la circulation du référentiel marchand, notamment dans la construction des problèmes et de leurs solutions.

Dans ces débats, les travaux en analyse des politiques sur le continent africain ont validé des résultats bien ancrés en économie politique

(Coussy, 2006). Les prescriptions et agendas internationaux se superposent, la plupart du temps, à des dynamiques nationales et locales (par exemple dans l'enseignement supérieur, voir Munene, 2012 ; Provini, 2015).

Après des travaux très formels et mécaniques sur le mimétisme institutionnel, les recherches sur les politiques publiques en Afrique confirment que les transferts d'actions publiques sont synonymes de transactions, de négociations et d'ajustements à géométrie variables (Mény, 1993 ; Griffiths, 2003 ; Darbon 2009).

Ces résultats se sont inscrits très tôt dans la démarche sociologique des configurations transnationales en réaffirmant que la fabrique de l'action publique n'est pas faite que de convergence et de mimétisme (Delpeuch, 2009 ; Hassenteufel et de Maillard, 2013), mais bien de nouvelles formes de réappropriation, de bricolage, de traduction, d'hybridation, voire d'innovations.

Dans la majorité des cas et malgré les caractéristiques de l'économie politique impliquant une forte « dépendance » en termes de ressources économiques, humaines et organisationnelle, le système importateur possède des formes d'autonomie et des marges de liberté puisque le transfert d'éléments exogènes s'insère dans le cadre d'une négociation (Darbon, 2009) et de bricolage de politiques publiques.

Par exemple, Jean Balié et Eve Frouilleux, en proposant une mise en perspective des politiques agricoles communes africaines avec celle de l'Union Européenne, réfutent l'hypothèse d'une convergence inévitable et soulignent plutôt « l'ambivalence et les complexités des situations concrètes ainsi que les différences de trajectoires entre pays et groupes de pays.

Des pratiques identiques peuvent avoir des significations et des répercussions très différentes d'un continent à l'autre » (Balié, Frouilleux, 2008 : 168).

La sociologie de la circulation des politiques publiques se trouve également dans la diffusion d'instruments, de techniques et d'une ingénierie internationale pouvant également servir de ressources publiques (Stone, 2000 ; Griffiths ; Frouilleux, Balié, 2009).

Le continent a constitué un terrain d'observations foisonnantes pour appréhender l'essor des réformes de l'administration, de la gouvernance (Bellina et al., 2010) et du Nouveau management public sous tous ces aspects (Basheka et Tshombe, 2017) afin d'analyser ces nouvelles procédures bureaucratiques, davantage axées sur la performance et la qualité, dans de nombreux secteurs de politiques publiques (Roux, 2002 ; Abrahamsen, 2000 ; Darbon et Crouzel, 2009 ; Harrison, 2010 ; Samuel, 2013 ; Cabane et Tantchou, 2016 ; Ducastel, 2016 ; Soriat, 2016).

Ces vagues de réformes bureaucratiques se sont par ailleurs accompagnées de formes de « dépolitisation » et de « technicisation » des instruments, stratégies développées par les organisations internationales pour contourner le risque d'intervenir sur le politique au niveau national et pour faire valider sans coût politique des choix et des changements majeurs (Ferguson, 1990, 2006 ; Hibou, 1998, 1999, 2013 ; Allal, 2010). L'essor de ces nouvelles techniques de gouvernement, qui transforment les rapports sociaux, ont également contribué à faire de l'Afrique un «

laboratoire » (Tilley, 2011), obligeant le chercheur à repenser et reconsidérer les transferts Nord-Sud vers des dynamiques Sud-Sud et Sud-Nord.

D'ailleurs, une réflexion a récemment été portée pour discuter plus spécifiquement du développement des instruments d'action publique en Afrique.

V.2. Contraintes méthodologiques

Tout comme les disciplines sociologie et science politique, l'analyse des politiques publiques est parfois perçue d'un œil peu bienveillant à l'égard du pouvoir politique. Cette méfiance entre le savant et le politique est exprimée en ces termes par Raymond ARON : « la vocation de la science est conditionnellement la vérité, le métier de politicien ne tolère pas toujours qu'on le dise[101] ».

Saisir l'Etat par l'analyse des politiques publiques, c'est lever un coin du voile d'ignorance sur la boîte noire de l'appareil administratif en interaction. Vulgariser la discipline, c'est comme le reconnaît un auteur,[102] procéder à une véritable entreprise de dévoilement de la nudité de l'Etat qui fragilise la puissance publique et l'autorité de ceux qui se retranchent derrière son mythe ; les gouvernants[103].

[101] ARON cité par Alain BIENAYME, l'enseignement supérieur et l'idée d'université, Economica, 1986, Paris, P 196

[102] Patrick HASSENTEUFEL, « l'Etat mis à nu par les politiques publiques », pp 311-329, in le temps de l'Etat, Mélanges en l'honneur de Pierre BIRNBAUM (sous la direction de Bertrand BADIE et Yves DELOYE) Fayard, 2007.

[103] Article de Patrick WAFEU TOKO, l'analyse des politiques publiques en Afrique, année académique 2008-2009, p. 10

De manière générale, les difficultés soulevées par la recherche notamment par rapport aux enquêtes de terrain en Afrique noire suscitent ici et là résignation ou scepticisme de la part des chercheurs. Dominique DARBON s'interroge même un brin provocateur : « peut-on encore travailler sur l'Afrique ? » [104] Selon cet africaniste, « les coûts d'investissement ne cessent de croître tandis que l'accès aux informations, aux données et aux acteurs devient plus périlleux voire impossible ».

L'analyse des politiques publiques est avant tout une évaluation souvent scientifique de l'action publique visant à apprécier les résultats des décisions prises en comparant les objectifs affichés par les textes aux conséquences parfois imprévues des choix faits.

Les causes incriminées de l'inefficacité de l'action publique peuvent être liées aux moyens mis en œuvre généralement insuffisants dans les pays en développement, mais aussi à l'instrumentalisation de l'idéologie de l'intérêt général à des fins personnelles, corporatistes ou sectorielles. Contrairement au simple contrôle financier, budgétaire ou administratif, l'évaluation de l'action publique engage plus ostensiblement la responsabilité politique des gouvernants et par conséquent leur légitimité.

Pour peu qu'on considère l'analyse des politiques publiques comme la production d'une « connaissance engagée » susceptible d'être déterminante pour la réélection ou non d'un gouvernement, on mesure mieux les enjeux électoraux d'une évaluation, sanctions et risques encourus par son auteur lorsque celle-ci dévoile ostensiblement les échecs

[104] Dominique DARBON, Editorial de la lettre du CEAN, N°24, juillet 1999

de l'action entreprise dans les régimes politiques quoi font de l'opacité et de l'intimidation leurs règles de gouvernement[105].

Le déséquilibre statistique et temporel entre les expériences africaines et les expériences occidentales pourrait compliquer la tâche du comparatiste. Ce risque dépend toutefois du secteur ou de la nature de l'action publique concernée.

Pourtant la nécessité des enquêtes de terrain n'est plus à démontrer pour rendre compte scientifiquement d'une politique publique parce que celle-ci à défaut de faire l'objet d'une théorie, ne s'appréhende que par l'investigation sociologique de problèmes publics, la sociologie de l'action publique est d'abord une sociologie de l'expérience[106], y compris en ce qui concerne les politiques juridiques[107].

Ici, il importe comme le souligne Patrick dans son article, de rappeler à la suite de plusieurs juristes comme HOLMES[108] que la vie du droit n'est pas la logique, mais l'expérience. Comment calculer d'avance ce que l'expérience peut seule nous révéler ? s'interroge de son côté Gérard CONAC[109].

---

105 Patrice DURAN, op cit, p. 175

106 François DUBET, sociologie de l'expérience, seuil, Paris 1994. En reprenant la signification que lui donne Patrice DURAN à savoir l'ensemble des actions passées mobilisées comme ressources cognitives, c'est-à-dire comme outil de connaissance pour apprendre et se reprendre afin de rectifier le tir dans le cadre de politiques publiques présentes et futures. Autrement dit, c'est l'expérience des actions passées, des essais, erreurs impliquant par conséquent un temps long qui est porteuse de leçons pour le présent et l'avenir. Cette expérience de l'action publique qui s'étend sur une relative durée est lacunaire dans les Etats africains en raison de leur jeunesse. A cet égard, les problèmes identiques ne sont pas perçus de la même manière, ni définis de la même façon et n'ont pas les mêmes enjeux socio-politiques.

107 Article de Patrick WAFEU TOKO, l'analyse des politiques publiques en Afrique, année académique 2008-2009, p. 12

108 Holmes cité par Maurice KAMTO, pouvoir et droit en Afrique Noire : essai sur les fondements du constitutionnalisme dans les Etats d'Afrique Noire Francophone, LGDJ, collection « Bibliothèque africaine et malgache », 1987, Paris, p. 14

109 Gérard CONAC, op cit P.158

La connaissance de l'expérience est au cœur de la dynamique causale des politiques publiques ce d'autant plus qu'elle ne s'acquiert qu'à la suite des leçons délivrées par les erreurs du passé en matière de choix décisionnels dans le pilotage de l'action publique.

L'énoncé des contraintes théoriques et méthodologiques qui compliquent une véritable analyse des politiques publiques en Afrique subsaharienne pourrait permettre aux politologues africanistes de dépasser le dilemme cornélien de l'ouverture et de l'isolement[110]. Les vertus de la première ne sont plus à démontrer dans la mesure où elle peut être une porte d'accès de la littérature africaniste à la science politique internationale contrairement à ce que laisse penser le scepticisme de certains auteurs[111]. Les impasses méthodologiques qui guettent le second ne peuvent que contribuer à renforcer un provincialisme disciplinaire qui a trop longtemps relégué les terrains d'étude africains dans la catégorie peu flatteuse des « areas studies ».

Autrement dit, la nécessité de se prémunir contre le repli épistémologique et la capitulation théorique et conceptuelle pour relever le défi comparatif de l'analyse des politiques publiques en Afrique et sur l'Afrique est une évidence.

Bien que déterminante dans l'identification conceptuelle des politiques publiques, l'approche sectorisée comporte quelques faiblesses qui relativisent sa portée et son intérêt comparatif.

---

[110] Mamadou GAZIBO, « L'Afrique en politique comparée », pp 123-140, in Polis, vol 8, 2001, P. 238
[111] Gérard SOULIER, « les politiques publiques, Nouveau mirage d'un africanisme politique en quête d'identité ? », Communication présentée lors de la journée d'étude Regards croisés sur les politiques publiques en France et en Grande bretagne. Quels éléments de méthodes transférables au terrain africains ? CURAPP, 9 décembre 2004

VI. Mécanismes de construction des indicateurs dans les politiques publiques d'aide au développement et leur évolution

Notre objectif dans ce chapitre, est de montrer qu'il y a une corrélation entre la structuration du champ de l'évaluation à travers la production des indicateurs quantitatifs, économiques notamment, et l'institutionnalisation d'une forme particulière d'aide au développement. Nous postulons à l'idée de la non-neutralité des indicateurs, qui sont donc marqués par une vision et un cadre idéologique qu'il convient de mettre en exergue[112].

En revenant au contexte de l'institutionnalisation décrit un peu plus haut, il faut rappeler ici que les programmes d'aide au développement sont bien plus suivis et évalués que les politiques publiques nationales.

C'est donc dans les politiques publiques internationales que les évaluations sont plus nombreuses ce qui montre l'intérêt certain des évaluateurs dans ce domaine particulier de politique étrangère. Pour l'analyse de la pratique, nous revenons à l'histoire et à l'historicité du champ de l'évaluation.

Nous sommes dans un contexte de modernité en ce sens que le processus d'évaluation résulte « d'un processus de division du travail social et de différenciation des sphères de production »[113]. Comme tout champ, « c'est la logique même du champ qui tend à sélectionner et à consacrer toutes

---

[112] Cristèle BERNARD, thèse finale corrigée : la construction des indicateurs dans les évaluations des politiques publiques d'aide au développement. Thèse soutenue le 6 juin 2013 à 14 h 30, Université de Lyon 3. P.26

[113] LEMIEUX, C, op. Cit., p 86

les ruptures légitimes avec l'histoire objectivée dans la structure du champ, c'est-à-dire celles qui sont le produit d'une disposition formée par l'histoire et informée de cette histoire »[114].

Les différents objectifs et les pratiques différentes appliqué (e)s à l'aide au développement formeront un des signaux de l'évolution du champ de l'évaluation. C'est pourquoi nous accordons toute son importance au contexte historique et le cadre dans lequel se trouvent être les pratiques d'aide.

1) L'institutionnalisation de l'aide au développement

Le processus d'aide au développement rentre dans un contexte historique tout à fait particulier qui est, d'un côté la situation coloniale définie par G. Balandier dans sociologie Actuelle de l'Afrique Noire[115], et de l'autre la fin de la Deuxième Guerre mondiale et une Europe à reconstruire.

Les institutions internationales vont à la fois être créées pour développer l'Europe et instaurer ce que plus tard, on appellera la communauté ou la société internationale avec ses nouveaux acteurs et ses nouveaux enjeux.

On parle d'APD que dans les années 1960, période où les Etats acquièrent leur indépendance. Nous parlerons donc d'un double contexte à la fois historique et géographique, ainsi que de deux voies pour définir un contexte international commun.

L'une est l'envie qui est ressentie dans tous les pays d'une industrialisation croissante, d'un besoin de modernisation à la fois technologique, économique mais aussi politique, et l'autre est la volonté

[114] BOURDIEU, P. p 337-338 cité in LEMIEUX, C., ibid., p 86
[115] Balandier, G. Sociologie actuelle de l'Afrique noire, Paris : PUF, 1955

de gérer les effets néfastes que ce processus entraîne. Le développement est à double face : l'une positive et pleine d'espérance dans ses différents aspects, et l'autre comportant des éléments complètement destructeurs, indubitablement néfastes pour toute civilisation[116].

2) L'évaluation au sein des institutions internationales

Le Fonds Monétaire International et la Banque Mondiale sont créées lors de la conférence de Brettons Woods en 1946. Sous la présidence de Mc Namara (1968-1981), la banque Mondiale décupla ses prêts aux pays pauvres. Elle augmenta donc l'endettement de ces pays pour des « projets dont l'utilité et l'efficacité n'étaient pas toujours démontrer »[117]. « Cette *course à la dépense* ne laissait au personnel¨ (de la banque) ni le, loisir de s'intéresser aux conséquences de ses interventions, ni le luxe de se demander à quels groupes sociaux elles seraient bénéfiques ou préjudiciables »[118].

La Banque Mondiale ne déversera ses pétrodollars pour aider les pays pauvres qu'à partir des années 1968. Pourtant, ce n'est qu'en 1973, que la Banque Mondiale crée le département d'évaluation, aujourd'hui appelé « le Groupe Indépendant d'évaluation de la banque Mondiale » ou IEG[119]. En 1969 Mc Namara fit faire une première étude économique sur un projet

[116] Cristèle BERNARD, thèse finale corrigée : la construction des indicateurs dans les évaluations des politiques publiques d'aide au développement. Thèse soutenue le 6 juin 2013 à 14 h 30, Université de Lyon 3. P.28
[117] GEORGES, S, SABELLI, F, Crédits sans frontières, Paris, la découverte, 1994 : « Mc Namara augmenta l'effectif du personnel de la Banque de 120% (..) et doubla en termes réels le volume des parts par rapport à la précédente période quinquennale. Pendant les deux décennies précédent son arrivée à .la tête de la Banque, de 1947 à 1968, la BIRD avait financé 708 projets pour un coût total de 10,7 milliards de dollars. Au cours du premier quinquennal de Mc Namara, de 1968 à 1973, elle entreprit 760 projets pour un montant total de 13,4 milliards de dollars »
[118] GEORGES, S., SABELLI, F., Crédits sans frontière, Paris, la découverte, 1994
[119] Cf. http ://ieg.worldbankgroup.org/content/ieg/en/home/abouit.html

de route en Iran réalisé en 1964. Il crée, en 1970 le département de programme et du Budget[120].

Ce nouveau département va d'abord porter son attention sur le « coût des inputs », c'est-à-dire des moyens mis en œuvre par rapport aux résultats et donc plutôt sur le management interne de l'organisation que sur l'impact des politiques mises en œuvre dans les pays.

Le premier travail d'évaluation fut fait, en 1971, avec 2 types d'évaluations : une étude qui présentait les résultats d'une enquête sur un pays particulier, la Colombie [121] , et une autre étude présentant le développement de l'électricité.

La conjugaison des prêts publics et ceux des banques privées, promptes à investir leurs pétrodollars vers la fin des années soixante-dix et le début des années quatre-vingt, déclenche la « crise de la dette avec d'un côté des pays dont l'endettement garrottait le développement , et de l'autre des Etats, Institutions et banques exigeant le remboursement de leurs prêts et réduisant considérablement les nouveaux financements » l'institutionnalisation de l'évaluation de la Banque Mondiale commence tout juste : elle a lieu selon Mervyn L. Weiner, directeur de la Banque Mondiale, dès 1975 et jusqu'en 1984. Elle s'est faite en deux phases :

L'intégration du personnel en charge des opérations, et donc avec une certaine connaissance du terrain, du contexte et des projets, ce qui a apporté une autre approche que celle des comptes et de la gestion dans le

120 VAN DER TAK, H. G., De WEILLE, J., Reappraisal of a Road Project in Iran, Staff Occasional paper N°7, washington, DC: World Bank, 1969

121 World bank, Bank Operations in Colombia: An Evaluation, Report No. Z-18, Washington, DC: World Bank, 1972.

processus d'évaluation ; cela a permis également aux personnels d'obtenir une voix dans la prise de décision et l'orientation des projets.

VI.1 La domination des outils quantitatifs et l'évolution historique des indicateurs

Le processus d'élaboration des plans nationaux est toujours réalisé en fonction d'objectifs généraux de croissance, des répartitions sociales et régionales des niveaux de vie, des revenus et de la consommation de certains types de biens ou de services (alimentaires, habitat, éducation.) et enfin d'indépendance économique.

Les plans nationaux se définissent donc par la maîtrise de l'économie nationale en vue de promouvoir le développement. L'implication de l'Etat est à la fois de définir ce plan de maîtrise de l'économie et de définir un plan d'accompagnement pour assurer le développement du secteur privé par rapport au marché.

Pour les pays occidentaux, la phase organisationnelle comporte les travaux de comptabilité nationale et de projection budgétaire globale, qui sont réalisés par les commissions sectorielles. Il s'agit de coordonner les moyens d'intervention que sont les investissements publics, les politiques fiscales, douanières, de crédits, de prix, etc.

Il en est tout autrement dans les pays du Sud où ce sont les tables rondes des bailleurs de fonds qui deviennent les instruments de coordination des aides étrangères et internationales et qui se substituent bien aux plans nationaux. Depuis la crise qui a débuté en 2007 par la crise subprimes aux Etats-Unis, les pays européens comme la Grèce, le Portugal ou l'Espagne sont aujourd'hui soumis à ce type d'organisation.

A partir de ces divers exemples de mesure, nous pouvons donner une première définition d'un indicateur[122]. Un indicateur désigne « un élément significatif, repérable dans un ensemble de données, permettant d'évaluer une situation, un processus, un produit. Un indicateur est en principe toujours référé à un critère. »[123]

L'état de développement d'un pays consiste donc dans la présentation d'indicateurs globaux de performance de l'économie. Les plus courants sont ceux concernant le PNB par individu. La création à Genève, en 1963, de l'Institut des nations Unies pour la recherche sociale (UNRISD) donna, selon Sachs, le coup d'envoi à d'importantes recherches sur les indicateurs de développement.

Les travaux s'orientèrent d'abord vers la construction d'un indicateur synthétique agrégé : la moyenne d'une dizaine d'indicateurs économiques et sociaux. Dans un second temps, l'idée maîtresse fut celle des profils utilisant des indices désagrégés[124]. L'UNRISD est toujours actif dans ce domaine.

Westendorf postule notamment pour l'intensification des efforts de recherches dans deux directions : d'une part, par le choix d'une quinzaine d'indicateurs de base applicables à la majorité de pays pauvres, et d'autre part, la conception et la mise à l'épreuve des techniques simplifiées de

---

[122] La première acceptation du concept d'indicateur en science de l'éducation est effectué en 1993 par Legendre : « comportement ou élément d'une performance ou d'un processus, qui renseigne sur la progression où la réalisation des apprentissages » in LEGENDRE, R, dictionnaire actuel de l'éducation, Montréal, Guérin, 1993, cité in les indicateurs et les statistiques, université de Mons, faculté de psychologie et de science de l'éducation.

[123] http ://portail.umons.ac.be/FR/universite/facultes/fpse/serviceetr/methodo/expertise/indicateur/pages/default.aspx (Mai 2010)

[124] Cristèle BERNARD, thèse finale corrigée : la construction des indicateurs dans les évaluations des politiques publiques d'aide au développement. Thèse soutenue le 6 juin 2013 à 14 h 30, Université de Lyon 3. P .63

collecte des données permettant d'obtenir en temps utile et à un coût modéré les informations nécessaires à l'action[125].

Déjà dans les années 1980, au sein de L'OCDE, les chercheurs statisticiens tiraient la sonnette d'alarme sur les abus de l'usage des statistiques économiques pour expliquer le développement et le progrès social.

Trente ans plus tard nous en sommes toujours au même stade malgré les innovations statistiques : les chercheurs justifient encore le recours aux statistiques sociales en argumentant encore et toujours pour démontrer les idées reçues qui définissent le PIB comme valeur absolue pour déterminer les politiques publiques à mener.

« La valeur explicative du PNB par individu comme indicateur des structures économiques et comme mesure du degré du développement a été contestée il y a déjà trente ans par les travaux menés à Varsovie par M. Kalecki »[126]. « Les *soixante-huitards* proclamaient (..) que le produit national brut (PNB) ne saurait être assimilé au bonheur national net.

La critique de nos instruments de mesure de la performance des nations, et de ce que certains dénoncèrent comme *l'évangile du progrès* mesuré à l'aune d'indicateurs économiques, était donc lancée[127] ».

L'indicateur central sur la base duquel les sociétés développées formulaient leurs jugements globaux de progrès, où leurs inquiétudes face à l'avenir, est toujours l'indicateur de croissance économique, c'est-à-dire

---

[125] Cf. WESTENDORF, D.G. Dharam Ghai, 1993 discuté dans SACHS, I. op. cit. p.12
[126] SACHS.I. op. cit. p.19
[127] GADREY, J. « de la croissance au développement : à la recherche d'indicateurs structurels », In Futuribles, Pars, déc. 2002, n°280, p-39-71, p. 39, résumé de H. De JOUVENEL. (Janvier 2012)

celui qui mesure les variations du Produit Intérieur Brut (PIB) ou des variantes de ce concept, pivot de la comptabilité nationale.

« C'est alors le « volume » total des biens et des services produits chaque année que l'on suit, et dont on mesure les variations, l'expansion ou le repli. Bien entendu dans le débat public et dans les médias, on trouve d'autres indicateurs majeurs : le taux de chômage, le taux d'inflation et plus récemment, les principaux indices boursiers. Mais le niveau du PIB et sa croissance restent les principaux symboles de la réussite et du progrès ».

Kuznets, le père de la comptabilité américaine, disait pourtant dès 1934, devant le Congrès, que le « bien-être d'une Nation ne peut guère se déduire de la mesure du revenu national », qu'il convenait de distinguer « la quantité et la qualité de la croissance » et que l'essentiel des décisions à prendre en la matière portait sur « la croissance de quoi et pour qui »[128].

Les raisons d'envisager d'autres mesures proviennent essentiellement selon Gadrey de la « faiblesses des évaluations alternatives » : faiblesse scientifique et méthodologique mais également dans la production de sens :

*« la croissance économique a pour elle un socle méthodologique assez cohérent en principe (dans les faits, c'est une autre affaire), une histoire de plus de trois quarts de siècle, des institutions fortes qui peuvent la défendre contre les troublons, une capacité à produire du sens : du sens,

[128] GADREY, J. op. cit. 41

certes, purement économique et « volumique », mais du sens quand même »[129].

« L'article de Challenge présentait pour la première fois, sur un même graphique, les variations du PIB et celles de ce nouvel indice, et le décrochage des deux indicateurs vers 1973 (le PIB continuait à progresser, L'ISH plongeant nettement et durablement) produisant un effet spectaculaire ».

L'ISH nous fournit l'occasion « d'une première réflexion sur ce genre de confrontation, souvent illustrée par des graphiques saisissants, entre les indicateurs économiques traditionnels issus des comptes nationaux (PIB, consommation…) et des indicateurs synthétiques divers de la vie ». L'interprétation de ce graphique doit être limitée par le fait que « même si toutes les performances sociales avaient formidablement progressé aux Etats-Unis sur cette période, la courbe de L'ISH aurait tendu vers la valeur 100, sans jamais la dépasser, et il y aurait donc eu de toute façon un décrochage par rapport à la courbe du PIB ».

Car « d'un côté la croissance économique peut a priori, selon les économistes, se poursuivre pendant des siècles, même si, sur ce point aussi, on peut avoir des doutes, qui sont liés à la représentation essentiellement volumique du développement économique que contient le concept de croissance, ou, à tout le moins, rester à de niveaux (taux) élevés pendant des décennies.

De l'autre, tous les indicateurs sociaux sont « bornés » par construction (…). Dans ces conditions à long terme, le progrès social ainsi mesuré bute

[129] GADREY. J. JANY-CATRICE, F. les nouveaux indicateurs de richesses, la découverte, p.36

nécessairement sur une asymptote horizontale, ce qui n'est pas le cas de la croissance économique, au moins à un horizon prévisible ».

VI.2 Les indicateurs alternatifs

A partir des années 1990 le programme des nations Unies pour le développement (PNUD) a tenté de s'affranchir de cette manière de compter les richesses de chaque nation en établissant d'autres indicateurs synthétiques, le plus connu d'entre eux étant sans doute « l'indicateur de développement humain » (IDH).

L'indicateur de développement humain (IDH) = (PIB/habitant exprimé en parité de pouvoir d'achat + l'espérance de vie à la naissance et le niveau d'instruction mesuré par un indicateur alliant pour 2/3 le taux d'alphabétisation des adultes et pour 1/3 le taux de scolarisation) /3.

L'espérance de vie est également un indicateur incontournable pour définir l'état de santé des populations. Pour autant « de la façon dont elle est habituellement calculée, il s'agit d'une notion artificielle. Ce n'est pas une estimation de l'âge jusqu'auquel les membres d'une communauté qui composent actuellement une population peut espérer vivre, pas plus que la durée moyenne de la vie d'un membre nouvellement né de cette population.

Il s'agit simplement d'un expédient, fondé, sur un modèle purement fictif, qui fournit sous une forme sommaire séduisante, une mesure des taux de mortalité d'une période appartenant déjà au passé. (..)[130]. Le

[130] Cf. SEERS, D., Active Life Profiles for Different Social groups, DP, 178, Brighton, Institute of Development Studies, 1982.

calcul de l'espérance de vie ne dépend que d'un enregistrement convenable d'événements passés »[131].

Le calcul de l'espérance de vie se fait sur « la base de la durée de vie moyenne d'une cohorte de 10.000 enfants nés le même jour et dont le nombre est réduit chaque année en fonction d'une série de taux de mortalité par âge. Cette mesure sert à comparer deux séries de taux de mortalité, la situation étant d'autant plus défavorable que l'espérance de vie est plus faible »[132].

La discussion sur les différentes méthodes utilisées par les « chercheurs qui ont attaqué ce problème sous un certain nombre d'angles », va présenter et aborder « le modèle non pas du réel, mais plutôt de concept de mortalité »[133].

VI.3 Critique des indicateurs sociaux

Il apparaît ici que l'optimisme initial concernant l'utilisation des indicateurs sociaux dans une optique de rationalisation des politiques sociales n'a pas survécu. Problème de méthode et de compréhension de la méthode : « beaucoup « d'indicateurs » n'étant guère plus que des assemblages de connaissance associant des variables ayant un vague rapport avec un quelconque thème social.

De plus la plupart des chercheurs qui ont tenté de mettre au point des indicateurs sociaux ont omis de prendre en compte la relation rien moins

[131] LUCAS, H., Le concept d'espérance de vie, Instrument d'intégration de données sociales et démographiques, résumé de 6 études par pays, paris, OCDE, 1986, 93 p, p. 15
[132] Ibid. Pour Lucas certaines méthodes sont « sont plus acceptables que d'autres ». Ibid.
[133] Cristèle BERNARD, thèse finale corrigée : la construction des indicateurs dans les évaluations des politiques publiques d'aide au développement. Thèse soutenue le 6 juin 2013 à 14 h 30, Université de Lyon 3. P. 68

que simple qui lie l'information et l'élaboration des politiques gouvernementales.

C'est ainsi que dans une période de prospérité économique, la politique sociale a favorisé la formulation d'indicateurs essentiellement axés sur les problèmes de croissance économique : « comment les bénéfices de la croissance sont-ils répartis ? ». « Certains groupes sociaux se trouvent-ils distancés ? ». La dégradation de la conjoncture économique qui a marqué le milieu des années 70 a entièrement transformé la demande d'information, dévalorisant la plupart de ces problèmes aux yeux de nombreux dirigeants.

De nouveaux indicateurs « à la fois défendables scientifiquement et capables de fournir un sens alternatif » se multiplient. L'auteur souligne d'entrée de jeu que le « choix des pondérations des diverses variables, qui comptent, est un jeu de débat public et de confrontation de point de vue, sur ce qu'il faut compter et sur ce qui peut développer de nouveaux indicateurs qui rendent mieux compte du progrès social et/ou de l'impact des activités humaines sur l'environnement »[134].

Son essai est particulièrement bienvenu à un moment où un nouveau courant de pensée apparaît, voir en France les travaux de Dominique Méda et Patrick Viveret, par exemple, qui nous invitent à reconsidérer la richesse, à mieux prendre en compte le niveau réel de développement économique et social, mais aussi environnemental, non seulement de nos pays mais aussi de nos organisations.

---

[134] Cristèle BERNARD, thèse finale corrigée : la construction des indicateurs dans les évaluations des politiques publiques d'aide au développement. Thèse soutenue le 6 juin 2013 à 14 h 30, Université de Lyon 3. P. 69

Il nous expose les nouveaux indicateurs synthétiques qui ont pu être récemment développés et qu'il classe en trois catégories :

1) les indicateurs centrés sur les questions de développement humain et/ou social, sans monétarisation systématique des variables ;
2) les indicateurs inspirés prioritairement par des préoccupations environnementales, sans monétarisation systématique des variables ;
3) les indicateurs visant à enrichir ceux des comptes nationaux par des additions et/ou soustractions de variables monétarisées, avec des variantes faisant une place ou moins grande aux critères environnementaux[135].

1-les indices centrés sur l'humain et le social :

A partir de 1995 le PNUD construit d'autres indicateurs notamment :

- ISDH : indicateur « sexospécifique » de développement humain qui permet d'évaluer les différences de situations des hommes et des femmes sous l'angle de 3 critères.
- IPH : indicateur de pauvreté humaine, qui signale des manques, des privations ou exclusions fondamentales d'une partie de la population, avec une variante 1 pour les pays en développement et une variante 2 pour les pays développés.

Pourquoi cette différence ? les exclusions de populations se font aussi bien dans les pays développés au regard de la situation

---

[135] GADRE3Y, J., op. Cit., p 40

actuelle de toute l'Europe (enfermement des enfants expulsables).

- IDT Indicateur de Développement technique.
- l'indice de santé social du Fordham Institute : le Fordham Institute est un institut de recherche américain dont les premiers travaux de recherche datent de la seconde moitié des années 1980. Création de L'ISH (Index of Social Health, indice de santé social). C'est un indicateur social synthétique visant à concurrencer le PIB dans les jugements de progrès[136].

[136] GADREY, J., op. Cit., p. 51

Tableau : les composantes de l'indice de santé sociale[137].

Enfants	Jeunes	Adultes	Personnes âgées	Total
Mortalité infantile	Suicide des jeunes	Chômage	Pauvreté des plus de 65 ans	Délits violents
Maltraitance des enfants	Usage des drogues	Salaire hebdomadaire moyen	Espérance de vie des plus de 65 ans	Accidents de la route mortels liés à l'alcool
Pauvreté infantile	Abandon d'études universitaires	Couverture par l'assurance maladie	•	Accès à un logement à un prix abordable
•	•	•	•	Inégalité du revenu familial

VI.4 L'indice de bien-être économique de Lars Osberg et Andrew Sharpe[138]

Les travaux datent du milieu des années 1980. En 2000 les chercheurs présentent des statistiques internationales concernant six pays de l'OCDE et situant pour chaque pays, sur un même graphique, la croissance du PIB et celle de leur propre indice synthétique.

[137] Cristèle BERNARD, la construction des indicateurs dans les évaluations des politiques internationales de l'aide au développement, thèse de doctorat de science politique, soutenue le 6juin 2013, Université Jean Moulin. Lyon III

[138] Cf. OSBERG, L., SHARPE, A., International Comparisons of Trends in Economic Well-being, présenté en janvier 1999 au meeting de l'American Economic Association.

Composants	Critères retenus
Consommation	Consommation marchande par individus Dépenses gouvernementales par individus Travail domestique non rémunéré (valeur monétaire)
Stocks de richesse	Stock de capital physique par individu Recherche-développement par individu Ressources naturelles par individu Capital humain (coût de l'éducation par personne) Moins : dette extérieure nette par individu Moins : coût de la dégradation de l'environnement (coût social estimé des émissions CO_2)
Egalité	Prévalence de la pauvreté Coefficient d'inégalité de Gini (revenu après impôts)
Situation économique	Risque de chômage Risque économique lié à la maladie Risque de pauvreté des familles monoparentales
	Risques liés à la pauvreté pour les personnes âgées

« On y voit que ce qui tire l'indice vers le bas, alors que la consommation matérielle et les stocks de richesses progressent, ce sont principalement les indicateurs d'inégalités et surtout d'insécurités économiques ». Le troisième indicateur permet de comparer les évolutions de L'IBE, et L'ISH et deux autres indices. On constate de plus « une assez grande similitude des profits, sauf pour L'ISH. Le dernier permet de porter un jugement global sur le fait que le progrès économique d'ensemble d'accompagne ou non d'un minimum de progrès de L'IBE et de débattre de ce minimum »[139].

2- les indices centrés sur l'environnement :

- ✓ un indicateur est mis en avant sur le tableau de bord du développement durable élaboré par le groupe de chercheurs du CGSDI (Consultative Group on sustainable Development Indicators)[140]. « Ce n'est pas proprement parler un indicateur, c'est un outil permettant à chacun de consulter des données nombreuses, bâtir des tableaux de bord sur mesure et de construire éventuellement des indicateurs synthétiques nationaux, en faisant varier à loisir le choix et la pondération des variables » ce dashboard contient 46 indicateurs dans trois grands domaines (environnementaux, économiques et sociaux) :
- ✓ environnement : qualité de l'eau, de l'air et des sols, niveaux des déchets toxiques....
- ✓ économie : PIB, investissement, productivité, compétitivité, inflation, consommation énergétique...
- ✓ société : délits, santé, pauvreté, chômage, éducation, gouvernance, dépenses militaires et coopération...
- ✓ les indicateurs reposants sur des variables monétaires.

Il s'agit « d'attribuer une valeur monétaire à des contributions positives ou négatives qui n'ont en soi pas de valeur monétaire : le travail bénévole,

[139] GADREY J., op. Cit., p. 56-59
[140] Cf. site de l'institut international du développement soutenable au canada, http ://esl.jr.it/dc. (février 2009)

destruction de forêts ». Ces variables n'étant encore pas monétarisables, il est nécessaire de « laisser un temps suffisant de maturation et d'échange internationaux ».[141]

La justification d'actions ayant pour objectif des valeurs non économiques peut se servir d'une logique de monétarisation et d'économisation de ces valeurs sans toutefois servir la vision d'un *tout économique* et ne signifierait pas « la victoire définitive de l'économie comme valeur suprême et comme justification crédible des actions en faveur de la justice, du lien social ou de l'environnement, …

Il y a bien longtemps que des actions efficaces en faveur de la justice sociale ou de l'environnement s'appuient sur des arguments ou des outils économiques et monétaires, ce n'est qu'une façon de ruser au sein du système »[142].

Pour Gadrey « la seule vraie réserve (…) est que : le risque existe que ces méthodes soient confisquées par des experts, au nom de leur complexité (réelle), et que, dans ces conditions, les enjeux deviennent opaques pour la plupart des acteurs, dépossédés des moyens de jugement, incapables de faire valoir leurs préférences sur une base informée.

Ce risque sera d'autant plus limité que ces méthodes et ces indicateurs ne seront pas les seuls à entrer dans le débat public ». Ce risque peut être limité notamment par le lien que font les experts avec l'université ou l'enseignement supérieur. Il est courant de voir les experts, les consultants

---

[141] Ibid., p.60
[142] Ibid., p. 61

en évaluation ou en mise en place de projets être liés avec les universités et les centres d'études.

- ✓ **des critères non environnementaux contribuant de manière non marchande au bien-être** : ce sont les indicateurs « fondés sur l'injonction aux variables des comptes nationaux de critères non environnementaux concernant diverses contributions non marchandes au bien-être » ; à signaler l'indice MEW (Measurment of Economic Welfare) qui a été très rarement actualisé dans les recherches. « Une seule recherche de portée internationale : celle de Hans Messinger[143].

  Dans ces travaux, la correction du PIB (ou de la consommation nationale) porte principalement sur la prise en compte (addition ou soustraction, après monétarisation) de variables comme le temps libre, le travail domestique, bénévolat, la santé les transports, les accidents, les inégalités de revenus, les délits »[144]

- ✓ **des critères environnementaux associés à des variables sociales ou de bien-être** :

- le « PIB vert »
- L'ISEW (Index of Sustainable Economic Welfare)

Ces indices sont monétarisés et ils sont principalement centrés sur la durabilité environnementale. Dans certains cas, le cadre institutionnel des recherches a été celui d'institut publics de l'environnement (plus ou moins l'équivalent de L'IFEN, Institut français de l'environnement). Pour mieux

---

[143] MESSINGER, H., TARASOFSKY, A., Measuring sustainable Economic Welfare : looking Behind GDP, communication au meeting annuel de la Canadian Economics association, juin 1997.
[144] GADREY, J., op. Cit., p.61

approcher ces travaux, on peut consulter l'étude de Jacksone et Stymne publiée en 1996[145].

- l'indice de bien-être durable des Amis de la Terre. « Cette ONG internationale propose depuis 2001, en coopération avec la New Economic Foundation (think tank radical spécialisé dans le reporting social) et avec le Center for Environmental Strategy de l'université de Sussex, son propre indice ISEW pour le Royaume Uni, y compris en mettant en ligne un outil permettant à chacun de créer son propre ISEW, en valorisant autrement les variables et en transmettant son jugement aux initiateurs »[146].

- l'indice de progrès véritable (GPI) : le GPI (Genuine Progress Indicator, indicateur de progrès véritable) a été mis au point par les chercheurs Redefining progress, une association à but non lucratif, spécialisée en politiques publiques, créée en 1994[147]. « Le GPI a été diffusé à partir de 1995.

  Dès cette année-là, plus de 400 économistes américains, dont certains réputés, et un nombre substantiel de leaders d'opinion ont publiquement reconnu cet indicateur comme une alternative importante au tout-puissant PIB. Peut-être cette reconnaissance a-t-elle à voir avec la méthode adoptée : une monétarisation systématique à toutes les variables sociales environnementales et de bien-être retenus. Des instituts de recherche de plusieurs pays

[145] JACKSON, T., STYMNE, S., Sustainable Economic welfare in Sweden. A pilot index 1950-1992. Stockholm Environnment Institute, 1996 ; site internet : www. Sei.se/pubs/dpubs.htlm.
[146] GADREY, J., op. Cit., p. 62
[147] Cf. leur site : www.rpogress.org

(Allemagne, Royaume Uni, canada) s'en sont rapidement inspirés en vue de l'appliquer dans leur propre pays[148][149].

VI.5 Conclusion sur les indicateurs

Les indicateurs dans leur ensemble ne proviennent pas d'un parti pris objectivable, mais sont issus des représentations du monde, d'une construction sociale à un moment donné pour définir le monde, évaluer entre eux les acteurs et apporter du sens aux objectifs politiques.[150]

Les indicateurs de progrès, de développement sont également porteurs de ce principe. Ils sont également partis du processus de rationalisation, de « scientisme » des sociétés occidentales par rapport au monde.

Ils répondent à un besoin de compréhension rationnelle du réel et permettent d'établir des liens entre la réalité et les visions politiques et économiques du monde.

Dès lors que le développement sera défini comme celui de la croissance, les indicateurs économiques porteront sur l'économie, le PNB, l'accroissement de la productivité, la monétarisation de l'ensemble des faits sociaux pour pouvoir se rapporter à l'indicateur principal.

Les changements de point de vue sur le développement incitent à la création de nouveaux indicateurs. La transformation sociale voulue au sein des sociétés et notamment la transformation politique a conduit à une

148 Cf. COBB., C., HASTEAD, T., ROXE, J., If the GD-P is up, why America is down ? the Atlantic Monthly, octobre 1995
149 GADREY, J., op. Cit., p. 65
150 Cristèle BERNARD, la construction des indicateurs dans les évaluations des politiques internationales de l'aide au développement, thèse de doctorat de science politique, soutenue le 6juin 2013, Université Jean Moulin. Lyon III. P.77

réflexion sur les liens pertinentes qu'il y a entre ces indicateurs économiques principaux et outils fondamentaux dans la réflexion du « développement ».

Table des matières

Bibliographie

A, B. P. (2012). *Causalité et contre factualité dans l'évaluation économique des politiques publiques.* revue Labyrinthe.

A, B. P. (2012). *Causalité et contrefactualité dans l'évaluation économique des politiques publiques* (éd. Revue Labryrinthe).

Antonio Bozio. (2018). *Les méthodes d'évaluation des Politiques Publiques.* idéees économiques et sociales.

ARON, A. B. (1986). *L'enseignement supérieur et l'idée d'université.* Paris: Economica.

Aron, R. (1955). *l'opinion des Intellectuels.*

B., V. d. (2011). *Méthodes structurelles et évaluation des politiques publiques, Ecole Thématique CNRS "évaluation des politiques publiques.* Aussois, france.

BA, S. (s.d.). *Thèse de Doctorat: essai sur l'intégration des interactions dans l'évaluation des politiques publiques, l'apport de l'économétrie spatiale.*

BASLE, M. (13 février 2018). *Etude pour le comité d'évaluation et de contrôle des politiques publiques de l'assemblée nationale française.* Paris.

BERNARD, C. (2013). *Thèse finale corrigée : la construction des indicateurs dans les évaluations des politiques publiques d'aide au développement.* Lyon.

BONNET, G. (s.d.). *L'évaluation, outil de pilotage des politiques publiques.* Paris.

Bono, P.-H. (Septembre 2018). *Modèle causal contrefactuel dans l'évaluation des politiques publiques.* Paris.

Bozio, A. (2013). *les méthodes d'évaluation des politiques publiques.* Notes du conseil économique d'analyse économique.

Bozio, A. (2014). *l'évaluation des politiques publiques : enjeux, méthodes et institutions.* Paris: Revue française d'économie.

Brocas, A.-M. (s.d.). *Méthodes d'évaluation des politiques publiques actes du séminaire, sous la directionn de Nicolas Studer.*

Canada, G. d. (s.d.). *Modèle de mesure d'impacts : guide des méthodes de mesure d'impacts.*

Chabe-Ferret, S. (25 Juin 2008). *L'évaluation de l'impact des politiques publiques, caractérisation des enjeux et exemple des politiques agricoles et forestières. Thèse Nouveau régime présentée et soutenue publiquement le.* Université d'Auvergne Clermont-Ferrand I: CERDI.

Claude, T. J. (2002). *l'évaluation en actes: leçons et perspectives In politiques et management.*

Dominique DARBON, R. N. (2019). *Papiers de recherche OAFD.*

Dubois CA, C. F. (2009). *Historique de l'évaluation . In Champagne F, Contandriopoulos AP, Brousselle A, et al. (eds) l'évaluation : concepts et Méthodes. les presses de l'Université de Montréal.* Montreal.

Duflo, E. (s.d.). *Savoirs contre la pauvreté collège de france.* Abdul Latif Jameel Povery Action Lab (J.PAL) du massachussetts Institute of technology.

Fleury, N. (2011). *L'évaluation des politiques publiques . retour sur l'expérience française et les conceptions syndicales.* Paris.

Fougère, D. (2010). *les méthodes économétriques d'évaluation.* France.

Frisch, R. (s.d.). *Discoiurs inaugural de la société d'économétrie.* 1931.

GADREY, J. (Décembre 2002). *De la croissance au développement : à la recherche d'indicateurs structurels in Futuribles.* paris.

GAZIBO, M. (2001). *L'Afrique en politique comparée.* Paris.

Gisèle De Meur, B. R. (2004). *Méthodes d'évaliuation des politiques publiques.* Paris.

GIVORD, P. (2014). *Méthodes économétriques pour l'évaluation des politiques publiques.* Paris: La documentation française.

Gourgues, F. G. (s.d.). *la problématique de l'indépendance de l'évaluateur, mémoire de stage.*

Gregoir, S. (2014). *l'évaluation des politiques publiques.* Paris.

Guy, B. B. (2001). *Poloitique comparée,*. Paris: Armand Colin, Collection U/ droit et science poliotique.

H, I. E. (2011-2012). *Measuring School and Teacher Value Added in DC School Year Final Report ERIC Institute of Education Sciences Mathematica Policy Research.*

HASSENTEUFEL, P. (2007). *L'Etat mis à nu par les politiques publiques.* Paris.

J., B. A. (2014). *l'assignation aléatoire comme méthode d'évaluation des politiques publiques.* Economie et prévision.

JACKSON, T. S. (1996). *Sustainable Economic Welfare in Sweden. A pilot index 1950-1992 Stockholm Environnement Institute.* Stockholm.

Jacquemet, B. C. (2009). *Econométrie linéaire appliquée.* (c. o. De Boeck Université, Éd.) Paris.

Jean, L. (26/27 mars 1992). *L'évaluation dans la modernisation de l'Etat In politiques et management public* (Vol. 11). Paris-: Les leçons de l'expérience Actes du cinquième colloque International.

Jean-Pierre, N. (1982). *de l'évaluation à l'analyse des politiques publiques.* Paris: Revue française de science politique.

KAMTO, M. (1987). *Pouvoir et droit en Afrique Noire : essai sur les fondements du constituionnalisme dans les etats d'Afrique Noire-Francophone.* Paris: Collection Bibliothèque africaine et malgache.

LUCAS, H. (1986). *Le concept d'espérance de vie, Instrument d'intégration de données sociales et démographiques, résumé de 6 études par pays.* Paris.

Maurice BASLE, J. M. (13 février 2018). *Etude pour le comité d'évaluation et de contrôle des politiques publiaues den l'assemblée nationale française.* Paris.

MESSINGER, H. T. (juin 1997). *Measuring sustainable Economic Welfare : looking behind GDP, communication au meeting annuel de la Canadian Economics association, .*

Nioche, J. (s.d.). *les trois paradigmes de l'évaluation des politiques publiques face à l'obligation de rendre des comptes et de rendre compte.* Paris.

Paul J. Gertler, S. M. (2007). *l'évaluation d'impact en pratique, World Bank.* Washington.

Paul J. Gertler, S. M. (s.d.). *Evaluation d'impact en pratique.* Washington: World Bank.

Péri, G. (s.d.). *Etudes économiques d'ensemble, marchés et stratégies d'entrepise.*

RAGIN, C. (1987). *The comparative Method Moving Beyond Qualitative and Quantitative Strategies.* Berkeley.

Roux, S. (20°15). *Approches structurelles et non structurelles en micro économétrie de l'évaluation des politoiques publiques.* revue française d'économie.

Rozenn Desplatz, M. f. (2016). *Comment évaluer l'impact des politiques publiques, un guide à l'usage des décideurs et practiciens.*

Rozenn Desplatz, M. f. (2016). *comment évaluer l'impact des politiques publiques, un guide à l'usage des décideurs et praticiens.* Paris.

S., C. M. (s.d.). *Some Pratical Guidance for the implementation of Propensity Score Matching;.* Journal Surveys.

Sabarwal, H. w. (s.d.). *Méthodes et modèles expérimentaux UNICEF, Notes méthodologiques, évaluation d'impact.*

Salah GHABRI, R. L. (2014). *Evaluation quasi-expérimentale des interventions médicales, méthodess des variables instrumentales.* Saint-Denis.

SOULIER, G. (9 décembre 2004). *Les politiques publiques , Nouveau mirage d'un africanisme politique en quête d'identité, communication présentée lors de la journée d'étude Regards croisés sur les politiques publiques en France et en Grande Bretagne.* . CURAPP.

T., I. G. (s.d.). *Regression Discontinuity, Designs : Guide to pratice.* journal of Econometrics.

Thomas Brodary, B. C. (2007). *les méthodes micro-économétriques d'évaluation et leurs applications aux politiques publiques actives de l'emploi.* Paris.

TOKO, P. W. (2008-2009). *l'analyse des politiques publiques en Afrique.*

Tourmen, C. (Octobre-décembre 2008). *les conséquences des évaluateurs de politiques publiaues, formation emploi.*

TROSA, S. (s.d.). *Evaluation des politiques publiques* . Paris.

VAN DER TAK. H.G, D. W. (1969). *Reappraisal of a Road Project in Iran, Staff Occasiional paper.* Washington DC. World Bank.

Made in the USA
Las Vegas, NV
14 November 2020

10909887R10120